爱欲与共同体
现代性的政法与伦理

黄涛 著

2018年·北京

献给"默默"
以及所有关心爱欲与灵魂的政治法律学者

目 录

自 序 ······1
引子 现代社会的伦理问题······5

上编 现代生活的品质

第一章 霍布斯的"恐惧政治学"······31
第二章 权利、激情与国家······49
第三章 洛克的"自然状态"神话······75
第四章 孤独者的政治学······90

下编 走出激情的世界

第五章 论作为审美状态的自然状态······137
第六章 康德的鉴赏判断与审美的政治哲学······172
第七章 施米特论隐秘的自然状态······203
第八章 施特劳斯与反启蒙的政治哲学······225

参考文献······249
后 记······253

自 序

本书辑录的一组文章，迥异于一般的法哲学与政治哲学的写作与讨论，它试图从对于经典思想的绎读和对于经典思想的当代论说的评论中呈现我对现代政治法律生活的基本看法。这里评论的作家、作品，曾一度甚至至今仍然广受关注。但本书的出版不只是为了在这些讨论之外再多一份文献，在某种意义上，它是对最近十年来的政治哲学研究的一个回应。这些作品中表达了我的立场，它们突出了现代人生活中的爱欲主题，讨论人的情感与政治法律生活的关系问题，共同致力于呈现现代政治法律生活面临的最根本的问题。

2006年我通过邮件联系上刘小枫先生，开始同他通信交往。直到2012年跟随他从事博士后研究，我还不知道有爱欲这回事，不知道爱欲的命题是古希腊政治哲学的关键命题，是理解柏拉图式政治哲学的关键线索，更不曾想过要用爱欲视角来审视现代政治法律问题。一个广为流传的看法是，现代的政治法律生活是理智主义的，对情感生活并不重视。但后来我在阅读霍布斯作品的时候，意识到将现代法治的基础视为理智主义是一种误解，现代性的深处其实是一种激情，是激情对理性的造反，也正是因此，现代的理性生活显得过于单薄、缺乏力量。现代的理性产生了核武器，同时又对核时代的灾难充满恐慌。

一旦明白了现代生活的根基在于一种冲动或激情，我对法哲学和政治哲学的基本命题的理解就焕然一新了，于是我开始追问人在现代的法哲学与政治哲学中究竟占据什么样的地位。穿越现代法哲学与政治哲学概念的丛林，在丛林的边缘处，我看到了现代政治法律生活预设的人的形象。在这里，人是一个孤独者，人性的概念在这里干瘪、抽象和乏味，令热爱思想的人们厌倦。由此，我才开始意识到，对于人性，对于计算式理性之外的人的意志世界和情感世界的探究，应该仍然是当代法哲学与政治哲学不可忽视的命题。

于是，我才开始在人性中寻找那些可以普遍预设的共同方面，寻找共同的意志和感情。也正是在这种内在冲动之下，我开始做题为"德国观念论法哲学的法权演绎"的博士论文，做题为"戏剧、审美与共同体——卢梭和席勒审美政治理论初探"的博士后报告，前者试图在共同意志的基础上认识现代的共同体，后者则经由审美生活探讨现代共同体的可能性。本书收录的一系列论文和评论，是我的博士论文和博士后报告的问题意识的来源，这也是我为什么坚持要将这本小书付诸出版的重要原因。

对现代生活，我并非不抱希望。我至今仍然珍惜正在修改中的博士论文开启的方向，我服膺于自由与权利时代的理想。在我看来，一种人格之间彼此尊重与承认的世界是现代人可以指望的理想的生活世界，对于他者的承认与尊重不仅是重要的哲学命题，也是当下中国人共同体生活缺少的重要内容。但在这本集子中，我更多是揭示现代生活中令人绝望的一面。在当代中国思想界，小枫师对于现代生活品质的思考极其深刻，这种深刻不完全是他从施特劳斯的反启蒙话语中借来，他在《沉重的肉身》中早就描述过现代人生存道路上的雾霭。

我越来越清晰地意识到，《沉重的肉身》中传达的现代感，在现代法哲学与政治哲学的命题中也一再浮现。现代法律人无法回应《沉重的肉身》中那些人物内心中的渴望，相反，他们的生命深处的困惑反而在很大程度上是现代政治法律生活造成的。我在霍布斯、洛克那里看到的，正是这种现代感觉在政治法律世界中的渗透，而我在卢梭、康德、施米特和施特劳斯那里看到的，则是现代思想家想要走出这种感觉的努力。

思想家们提出的方案是否科学，是否最终能够在现实的世界中获得成功，这些问题也许不那么重要。思想家的任务不是为解决现实生活的具体问题开药方，他们充其量是在对时代精神进行诊断，进而寻找和展示人性中的最可依靠的方面。法哲学与政治哲学的魅力在于它能给我们的共同生活带来希望。技术时代的政治法律专家们不会思考这些问题，他们沉浸在现代感觉中不能自拔，对于现代人的爱欲这类主题，他们交给伦理学和哲学来处理。然而，我一直觉得，局限在技术性范畴之内对政治法律问题的处理，越是精致就越是远离活生生的个体。

本书缺少一个一般意义上的前言，《沉重的肉身》中传递出来的现代感，是这本小书表达的论题的开启，我毫不犹豫地将它作为这本小书的引子。这里讨论的思想家们虽然都不是纯粹的政治法律专家，但都对政治法律问题展开了深刻的讨论。这些讨论是在他们对现代世界的整体把握下进行的，透过他们的讨论，可以看到现代政治法律生活的根源处面临的种种问题，这些问题在多大程度上值得关注，当然会引起争议，但我坚持认为它们是转型时期的中国政治法律学人不可忽视的。

2018 年 1 月 1 日

改定于美国印第安纳大学

引子　现代社会的伦理问题

——《沉重的肉身》的意图

这几年，有关刘小枫思想的变化有不少说法。据说他已经变成了"国父论"者，一改曾经的自由派本色；据说《沉重的肉身》是自由主义文献，《沉重的肉身》开篇讲丹东与妓女的故事，讲牛虻的革命冲动，显然是在冲击人民民主的政治伦理，回到个体自身的感受。这里的文字和《纪念冬妮娅》中的文字一样让度过寒夜不久的人们心生温暖。《沉重的肉身》中的刘小枫难道不是自由主义者？但这初步的印象令人生疑：《沉重的肉身》"前记"中说得十分清楚，这本书要讲的是两种自由主义伦理，因此，即便该书的主题是自由主义，也可能与我们通常所说的自由主义不相干。

《沉重的肉身》的文字看起来像小品文，但进一步的阅读立刻会打消这种印象，我们会在叙事性和抒情性的文字之间看到深度思想的痕迹。但这思想究竟是什么？刘小枫在《沉重的肉身》的前记中说，要是读者们明白他在章节上的刻意安排就好了，并且说，写小品文要比写学术性的文字难得多，对于他的提醒，似乎没有人重视过。读者们习惯于将《沉重的肉身》中的文字视为"学者散文"，觉得刘小枫的抒情散文写得精彩，比起如今他做的正经八百的学术文字要好读许多。然而，在《沉重的肉身》中，刘小枫一上来就谈论叙事与伦理的问题，考虑到现代人面临的伦理困境，叙事就显得不再是抒情，而是有可能表达某种鲜活的伦理思想。

一

不管人们指控刘小枫的文字多么含混或充满文人习气，但不可否认的是，《沉重的肉身》的确涉及现代人的生活世界中的一个至关重要的问题——现代人的生存伦理。《沉重的肉身》在最初几版时有一个副题——"现代性伦理的叙事纬语"。不知出于什么考虑，这副题在第六版时被删掉了。离开这个提示，《沉重的肉身》就显得晦暗难解。

《沉重的肉身》与刘小枫对现代性伦理的思考有关，甚至可以说，《沉重的肉身》不过是他反思现代人生存方式的副产品。1993年在瑞士巴塞尔完成学业后，刘小枫应邀到香港中文大学的当代中国文化研究中心做研究，着手的重要论题就是现代性的社会理论，他先后思考了现代性的基本品质，并从特洛尔奇、西美尔、松巴特、韦伯和舍勒等人那里熟悉了一整套现代性的社会学和哲学话语。在几乎和《沉重的肉身》同期出版的《现代性社会理论绪论》中，可以看到有关现代性伦理的概括性表述，在对研读舍勒的基础上，他得出了如下结论：

> 现代人的理念是一场系统的"冲动造反",是人身上一切晦暗的、欲求的本能反抗精神诸神的革命,感性的冲动脱离了精神的整体情愫。①

《现代性社会理论绪论》中的诸多用语再度出现在《沉重的肉身》中,例如刚才讲到的"情愫"概念,在"性感死感歌声"一文中,情愫是伦理性的东西,不同于身体的欲望。《沉重的肉身》中出现得最频繁的是有关身体的意向,从开篇的妓女玛丽昂的身体到结尾的玛格达的身体,都是让年轻的身体兴奋不已的身体。兴奋的身体甚至打动了理想的革命者,丹东的死亡与鲜活的身体有关,甚至支撑牛虻的革命理想的也是同样的身体感觉。读完《现代性社会理论绪论》中有关现代人对于身体和欲望的理解,再来读《沉重的肉身》,就好理解多了。《沉重的肉身》中讲述的故事仿佛注脚,没有这注脚,《现代性社会理论绪论》就有些玄乎。没有读过《现代性社会理论绪论》的大部分读者,不会认为《沉重的肉身》是对现代社会伦理的反思,而像是刘小枫的私人小品文。

《现代性社会理论绪论》的笔法四平八稳,《沉重的肉身》则十分细腻。不同于《现代性社会理论绪论》着重描述现代社会的基本样态——政治的、社会的、宗教的和审美的生活,《沉重的肉身》主要讲述现代社会中个体的生命感觉。

---

① 刘小枫:《现代性社会理论绪论》,上海三联书店1998年版,第23页。

故事提供了人们切身想象的空间，透过故事展示的现代人的身体和灵魂的感觉远比逻辑性的讲述更鲜活，也更能打动人。《现代性社会理论绪论》用论文的文体写作，冷静得让人吃惊，刘小枫没有或者很少在其中表达私人观点，但在《沉重的肉身》中，他的讲述令人难以平复，没有人觉得那些故事与自己不相干，而是担心有一天故事在自己身上演。在道德感觉的传达方面，逻辑似乎永远不及叙事性文字有力量。这也没有什么好奇怪，在日常生活中，没有几个人完全因为某个道理感动，通常人们都是触景生情，没有了情感，也就失去了生活动力。在《沉重的肉身》中，"本能冲动造反逻各斯"的现代性伦理变成了一则又一则的故事，读者们透过这些故事，可以感到生命的干涩与湿润。

尽管《现代性社会理论绪论》和《沉重的肉身》讲的是同一回事，效果却极不同。《现代性社会理论绪论》迄今还只在知识人圈子中传播，它穿梭于现代人文社会科学的各领域之间，哲学、社会学、政治学、法学、美学、宗教、史学乃至经济学……即便专业的读者，想要一气读下去，也要打起十二分精神。一般的读者更钟爱他的《沉重的肉身》，因为这里的主题不再与专业化的学科相关，只需要有对人生的基本经历。《沉重的肉身》大篇幅讨论爱欲生活，即便是在读《牛虻》这样的革命小说的时候，关注的也是革命者的爱欲。

爱欲的叙事之所以能打动人，是因为爱欲是人类生活的永恒主题，是每个人必然经历的人生命题。《现代性社会理论绪论》中将活生生的人类生活肢解为审美、宗教和政治，这种方式表明现代爱欲的碎片化和专业化，令生活在日常生活中的常人陌生，而《沉重的肉身》回到人的身体感受本身，讲述日常伦理，讲述常人爱欲。《沉重的肉身》中出现的主人公，有具有哲学心性和品质的卡夫卡和基斯洛夫斯基，有世人崇拜不已的革命领袖罗伯斯庇尔和丹东，也有为世俗伦理不齿的妓女玛里昂，但更多的是平常人物，他们出现在昆德拉的小说中、出现在基斯洛夫斯基的电影中。在爱欲面前，人与人的差异不再重要，重要的是他们各自面对爱欲的态度和他们身上体现出来的色彩缤纷的爱欲。

《沉重的肉身》的前记已经透露出了这本书的意图，刘小枫想要继续言说现代性伦理。然而，《沉重的肉身》不想继续揭示这些伦理的身体性，而想要考察这种身体化的伦理命运。或者说，他要讨论的是现代人是否足以凭靠这种伦理来生存？为了回答这个问题，《沉重的肉身》从审查现代人最热衷追求的两种伦理开始，一种是人民伦理，一种是自由伦理。看看这两种伦理之下，人们是否能过上自在自适的幸福生活。

1990年代的人们正身不由己地从人民伦理中摆脱出来，转向个体自由伦理。《沉重的肉身》的"引子"一上来说的是1967年春天的故事。对刘小枫那一代人来说，1967年的春天格外寒冷，这一年，人民伦理获得了压服个体自由伦理的神圣法权……个体自由伦理和人民伦理明显对立。只看到人民伦理向自由伦理的转向，必然得出刘小枫是自由主义者的结论。然而,仅仅看到从人民伦理转向自由伦理,对理解《沉重的肉身》来说还欠充分,《沉重的肉身》中的叙事纬语没有站在自由伦理一边反对人民伦理,而是在转向自由伦理的时候,引入了两种不同的自由伦理观。这是刘小枫在《沉重的肉身》的前记中自我宣称的事,在那里,他提醒读者,要留意各篇顺序的刻意安排。

二

《沉重的肉身》章节上的刻意编排并没有得到重视。读者们只知道,"沉重的肉身"一文说的是昆德拉《生命中不能承受之轻》中托马斯与萨宾娜和特丽莎的故事。这故事一直没有讲完,"性感死感歌声"一文继续讲,分析萨宾娜的灵魂感觉。读者们当然也能读出,萨宾娜看重身体的感觉,特丽莎看重灵魂的感觉,并且也能读出,萨宾娜为自己的身体感觉辩护,不惜亵渎美好的灵魂生活。然而,读者们也许会遗忘刘小枫刻意的编排方式,在讲述"沉重的肉身"之前,他引入了苏格拉底讲述的赫拉克勒斯的故事,而在讲述萨宾娜的身体感觉之后,他又引入了基斯洛夫斯基的故事。丢掉这些故事背景,刘小枫的分析就会显得平平,缺乏历史感。生命也有自身的历史感,但生命的历史感同外在的历史毫不相干。苏格拉底的时代讲述赫拉克勒斯的选择时,非常自然,仿佛赫拉克勒斯选择阿蕾特没有什么好奇怪,而在昆德拉这里,赫拉克勒斯的现代化身托马斯选择阿蕾特的现代化身时则显得不再顺理成章。萨宾娜为自己的身体感觉辩护,这并非偶然,刘小枫注意到,这是现代启蒙以来的普遍的身体症候。身体不再将对灵魂的追寻作为首要任务,身体就是身体,身体有自身的感觉,灵魂倒变得轻飘起来。

不理解《沉重的肉身》在章节上的刻意编排,就没有办法理解这本书是对现代伦理的深刻思考。《沉重的肉身》分别批判现代以来的两种典型伦理。无论是人民伦理还是自由伦理,都不是自在自为的伦理。单纯的人民伦理漠视个体的伦理,以为某种普世价值能充实个体生活,同样的,单纯的身体也无法支撑现代人的生活。单纯的身体过于孤单,孤单的身体无法彼此交流,萨宾娜的大床成为了刘小枫关注的焦点。基斯洛夫斯基懂得单纯的肉身感受无法传达,只有透过他人的欲望才能懂得自己不孤单。昆德拉的世界中看起来有不同的人物和命运,其实只有一种人的命运。在基斯洛夫斯基的世界中,至少有一个自我和他者。巴黎的薇娥尼卡和克拉科夫的薇娥尼卡互为对方的他者,只有通过他者的存在才能意识到自身的存在。巴黎的薇娥尼卡从此不再自信自己的身体,想到了独居多年的老父亲。

"永不消散的生存雾霭中的小路"一文是《沉重的肉身》中具有转折意义的章节,在这一章中,昆德拉极力张扬和信奉的自由伦理观得到了深入分析。按照刘小枫的说法,昆德拉的小说宣扬的是一种人义论的自由伦理,这种伦理带有"个人的尖锐性",在这里:

道德只是个体自主的感觉价值偏好,个体的我思、我欲、我愿取代了道德法官的上帝的位置。相对性道德就是每个个体有自己的、只属于自己的道德神,由我思、我欲、我愿设立的道德法庭。①

人义论的自由伦理的提法在实质上和《现代性社会理论绪论》中有关本能冲动对逻各斯的造反的说法相同。这种伦理主张要在相对性的道德世界中沉醉,结果必然是伦理成为个体性的事件,更准确地说,成为身体性的事件。

一旦现代性的伦理成为身体性的事件,问题就进一步转换为身体的感觉何以成为一种伦理价值。按照昆德拉的讲法,现代性的伦理是一种兴奋伦理,尽管肉体的感觉没有价值可言,但兴奋的感觉的确可以带来令人眩晕的幸福,犹如现代青年在世俗的节日娱乐和聚会狂欢中体验到的幸福。然而,这种以兴奋为基础的现代伦理同古典伦理有深刻的差异:

> 古典的情感总有自己的对象——为了什么而动情,兴奋不为了什么,正因为如此,它才让人感受到幸福的密度。兴奋的生活价值之在于心跳加快、两眼昏花的此刻状态,这才是一个人最属己的幸福状态。古典的情感是为它而生的,兴奋是自为而生的。任何超出

---

① 刘小枫:《沉重的肉身》,华夏出版社2007年版,第173页。

了个体身体的价值都不适用于兴奋的现在,在兴奋的现在中,个体身体才回到了自身,没有需要操心的他者关系,没有让人难过的与过去或未来的时间关系。①

现代性伦理着眼于身体兴奋。个体的身体兴奋在自由主义制度下是一项神圣的自然权利,兴奋的身体究竟想要做什么,这是个体自身的事情,只要不对他人造成损害就是正当。但问题在于,这样的现代伦理有没有未来?刘小枫注意到:

> 人义论自由伦理用"兴奋的道德"对抗道德归罪,让个体的生命不再受寻求既定的有意义的人生这一道德形而上学律令的支配,必然会使人生过程变得"迷雾"。②

"永不消散的生存雾霭中的小路"一文的结尾明确宣称要与昆德拉保持距离,也就是同人义论的自由主义保持距离,转而进入一种全新的自由伦理,这就是《沉重的肉身》中所谓的"神义论的自由伦理"。

神义论的自由伦理说的是什么事?《沉重的肉身》后三章讲的就是神义论自由伦理,但有关这种伦理的明确表述仅有一处,这就是他说,基斯洛夫斯基的自由伦理是神义论的自由主义伦理学:

---

① 刘小枫:《沉重的肉身》,第177页。
② 同上书,第182页。

> 他深信有一位旧约式的道德上帝,唯一的正义者,个人必须面对这样的绝对仲裁者,个人在伦理抉择时,会感到"唯一的正义存在于我们心中的那杆秤上"。[①]

对于《沉重的肉身》的诸多评论中有一种评论认为,此书是身为基督徒的刘小枫的作品。照此理解,神义论的自由伦理就是基督教的伦理,这话说得准确么?

"神义论的自由主义"这一表述显得前后矛盾。从思想史上看,自由主义是在神学世界观崩解之后发展而来,自由主义本身就是一种人义论伦理,自由主义的基本理想就是想要在尘世间、在个体的身体之上塑造一个幸福的世界。然而,神义论表达的基本思想是,真正的幸福不在尘世。刘小枫尽管提出了神义论的自由主义,却没有说神义论的自由主义是一种自在自为的伦理,而是说神义论的自由伦理是一种"艰难的自由伦理"。神义论的自由伦理之所以艰难,完全是因为它凭靠的基础十分脆弱。卡夫卡觉得通过与菲莉斯订婚可以使自己从对父亲的负罪感中解脱出来,却由此酿造了新的罪恶。自由主义承认人的意志自由,视人的意志自由是人之所以为人的神圣品质,但只要承认人的自由意志,就必然走向邪恶,他在卡夫卡的笔记中读到:

> 恶是主观的意识——也许就是自己的意志自由的

[①] 刘小枫:《沉重的肉身》,第314页。

脆弱，自己在某些特定的过渡状态中不能有所决断时的意识状态。①

想要通过个人的意志的作为来自我拯救在根本上就是空想，卡夫卡的审判的结论是："把负罪状态看作是向自己的天堂那边过渡的过程，自我拯救的过程就是自我变恶的过程"。②

搞清楚《沉重的肉身》的编织方式，会使人觉得，刘小枫的问题意识不是现代人如何丧失了道德和伦理，丧失了爱的能力，也不是这种爱的内容究竟是基督教的，还是古典的，抑或是东方的，相反，他思考的问题是，现代人如何恢复爱的能力。他十分清楚：

> 对于现代人来说，伦理行为变得艰难，首先不是因为社会的道德观念秩序混乱，何谓善、恶已经没有了社会共识，人们难以找到可以遵循的道德品质，而是虽然知道什么是善、什么是诚实、什么是信任，却做不到。③

因此，在阅读《沉重的肉身》时，需要思考的就不是善、恶的属性。尽管基斯洛夫斯基面对不可解决的人生悖

---

① 刘小枫：《沉重的肉身》，第223页。
② 同上书，第227页。
③ 同上书，第286页。

论和人性的脆弱，找出的唯一解决方式是"包容"和"忍耐"，是"另一种爱的能力"①，但如何才能唤起现代人心中的这种久被遗忘的另一种爱的能力，靠什么来恢复这种爱的能力仿佛才是至关重要的事情。刘小枫笔下的卡夫卡最终只能将这种不安和负罪感带入写作之中，写作成为了唯一的解救之道。②

写作不仅成为了卡夫卡的自我解救之道，也成为了我们这些现代读者恢复自身的爱的能力所凭借的工具和载体。与此同时，基斯洛夫斯基也意识到通过他擅长的电影叙事，可以"抱慰在爱中挣扎得遍体鳞伤的个体，珍惜残缺和破损的爱的碎片"。③ 基斯洛夫斯基从不因为自己的电影提出了什么样的思想而兴奋，卡夫卡也不因自己提不出某一套哲学思想体系而怅然，他们在意的是平常人的眼泪和感动，他们希望通过自己的小说和电影叙事告诉人们这世界上还值得有爱，唤醒现代人沉睡的道德能力。

三

如果从形式逻辑的角度审查刘小枫的《沉重的肉身》，《沉重的肉身》一书就会处处"硬伤"。例如他对毕希纳伤寒的原因分析，在相信现代医学逻辑的读者们看来，就是

---

① 刘小枫：《沉重的肉身》，第259页。
② 同上书，第195页。
③ 同上书，第261页。

胡言乱语；又如他对卡夫卡的婚姻与《诉讼》一书关联性的分析，也显得是他的先入之见；再如他如何能合乎逻辑地将个体的热情比作一个人的身体和影子织成的细线，合乎逻辑地解说电影中薇娥尼卡手中的细线的形而上学含义。尽管有这些形式逻辑的疑问，却不妨碍我们阅读《沉重的肉身》。阅读《沉重的肉身》不仅是愉快的心灵体验，也是一种思想探险。《沉重的肉身》在复调叙事的过程中讲述了许多思想史上的重大事件，例如苏格拉底讲述的赫拉克勒斯，又如卢梭与人民伦理的兴起。也许，正是因为叙事与思想的探索顾盼往返，才给读者带来阅读过程中的享受与麻烦。

不管怎么说，《沉重的肉身》中言说的内容，更贴近我们的生活，《沉重的肉身》讲述现代人生存的感觉，不是抽象地讲，而是通过"复调叙事"的方式来讲，也就是，通过复述出现在现代作家（电影家）笔下的故事讲述现代人的生存体验。《沉重的肉身》提醒我们，叙事有伦理的逻辑论辩缺乏的优点，这就是叙事能触动读者的心灵世界，有逻辑的或理性的伦理学没有的道德实践力量。单凭自己的阅读体验，我们难以否认这种说法的合理之处，大多数人不是凭理性生活，情感是他们赖以生活在这个世界，感觉自身幸福的来源，对这些人来说，如果离开情感，世界对他们来说便毫无意义。因此，某一些哲学家用情感性的文字表达思想，没有什么好奇怪。刘小枫在《沉重的肉身》中，敬仰的正是懂得用情感性的文字来教育人的叙事思想家。他相信有这么一类思想家,不仅能在生活的隐喻层面感受生活,而且还能在其中思想,用寓意的语言把感觉的思想表达出来。他称这样的思想家为叙事思想家。在他看来,叙事思想家擅长用感觉来思想,或者说是用身体思想,而不是用理论或学说思想。①

仅仅因为使用了叙事思想家的笔法就说作品本身缺乏思想,是理论界的偏见。在刘小枫看来,毕希纳、卡夫卡和基斯洛夫斯基是典型的叙事思想家。而我们当代的文艺理论研究中,似乎还习惯于将那些懂得运用个体化语言,将个体感受编织成故事的人称之为叙事家,而在刘小枫这里,这群人只是叙事艺术家。说刘小枫的作品只是表达情绪,没有思想的人是将刘小枫也看成了叙事艺术家。

在《沉重的肉身》中还可以看到,叙事思想家懂得使用"暗示性语言",叙事思想家借助这些暗示性语言表达某种思想或真理。《沉重的肉身》的主要任务就是破解这些暗示性语言背后的秘密。只有理解这一点,才能懂得为何刘小枫要提及毕希纳的伤寒,提到卡夫卡的婚姻和《诉讼》的关系。这些都不是简单为接下来的行文做铺垫。在刘小枫笔下,毕希纳之所以会发致命的高烧,是因为他在对丹东之死的侦探中看到,"人义论自由伦理最终会在冲动的自由身上撞得粉碎"。而卡夫卡的《诉讼》伴随的是两次订婚的过程。刘小枫说得十分清楚,卡夫卡的订婚是他摆脱自

---

① 刘小枫:《沉重的肉身》,第234页。

己的负罪感做的自我拯救的努力，这努力同时是卡夫卡的自我审判过程。由此可见，刘小枫的叙事伦理学，是想要通过暗示性的语言，言说生命之中的真相，表达真相的不只是通过逻辑性的概念及其论证，人的情感也可以用作揭示人生真相的素材，刘小枫知晓这一点，他说：

> 叙事改变了人的存在时间和空间的感觉。当人们感觉自己的生命若有若无时，当一个人觉得自己的生活变得破碎不堪时，当我们的生活想象遭到挫伤时，叙事让人重新找回自己的生命感觉，重返自己的生活想象的空间，甚至重新拾回被生活中的无常抹去的自我。①

过去我们总以为，讲故事不过是消遣，不过是一些虚构或道听途说来的掌故，以打发无聊的时光，刘小枫想要告诉我们，"听故事和讲故事都是伦理的事情"。叙事有一种道德教化的力量，这一点我们都曾经听说，但很少有人将其置于活生生的语言实践，刘小枫注意到：

> 如果你曾为某个叙事着迷，就很可能把叙事中的生活感觉变成自己的现实生活的想象乃至实践的行为。②

在《沉重的肉身》中，刘小枫一上来就区分叙事伦理学和理性伦理学，并有意偏向叙事伦理学，在他看来：

---

① 刘小枫：《沉重的肉身》，第3页。
② 同上书，第5页。

> 理性伦理学关心道德的普遍状况，叙事伦理学关心道德的特殊状况，而真实的伦理问题从来就只是在道德的特殊状态中出现的。叙事伦理学总是处于在某一个人身上遭遇的普遍伦理的例外情形，不可能编织出具有规范性的伦理理则。①

理论伦理学重视普遍性的伦理理则，只有具有高度理性能力的人才能真正理解这些理则蕴含的生命意义。可以说，理性伦理学是写给少数人看的伦理学，理性伦理学的思想家想要凭靠少数几个概念说清楚人世间乃至于彼岸世界的伦理状况。只有那些擅长将生命感受凝固到概念中的思想家，才能使概念的表达变成对鲜活生命的表述。刘小枫之所以长期刻意地与自律这类概念保持距离，是因为，在他看来，普通人无法理解这类概念的伦理含义，自律的概念使伦理学离开了普通人的世界，难以真正触碰普通人的内在心灵。心灵是感受性的东西，要想心灵受到感动，必须有鲜活的内容，或者擅长将抽象的概念转换为鲜活的生活现实。

叙事伦理学和论理的伦理学之间的区分，已然预示着后来刘小枫在古典政治哲学中坚持的少数人和多数人的区分。叙事伦理学是写给多数人看的伦理学，因此在刘小枫看来就具有一种道德实践的力量。并且，他进一步指出，

---

① 刘小枫：《沉重的肉身》，第4—5页。

叙事伦理学具有的道德实践力量是理性伦理学没有的。因此，要想分析《沉重的肉身》的意图，就有必要从题为"叙事与伦理"的引子入手。与他倾慕的那些叙事作家一样，《沉重的肉身》也采取了叙事笔法，它讲述和分析的故事都是出自叙事思想家笔下的故事，刘小枫将这些故事拿来重讲一遍（他称之为"复调叙事"），有如他在这十年之间到处主张的对经典大书的疏解。

刘小枫的复调叙事的魅力体现在他对叙事思想家讲述的作品的独特理解之上。实际上，真正吸引读者们去看刘小枫的文字，大都因为他思想的穿透力。这些年刘小枫主张的对历代经典的疏解之所以受到欢迎，不在于他采取了何种有效的营销策略，也不在于他引入了多么新潮的思想，而在于他引入了许多别开生面的绎读经典的方式，引入了这个时代需要的看待事情的眼光和视角。全新的阅读经典作品的视角开放了读者的视野，扩大了我们的想象力，有助于更清澈地看清时代的境况。

四

"编故事"不是瞎编乱造，也并非全然缺乏逻辑，《沉重的肉身》中提出的叙事伦理学，让人耳目一新。通过叙事讲述伦理，源自古老的传统。在《沉重的肉身》中，我们已经看到了这个传统——苏格拉底和柏拉图的传统。如今我们已经知道，这是施特劳斯极力张扬的古典政治传统。

从这个意义上讲，在刘小枫迄今以来的著作体系中，《沉重的肉身》理应占有重要位置。《沉重的肉身》中编故事的做法一直持续至今。刘小枫之所以进入施特劳斯的体系，因为施特劳斯是搞复调叙事的高手，施特劳斯一生解读历代经典无数，自己的立场显然是从对经典的复述中提出来的。《沉重的肉身》时期的刘小枫已经开始接触施特劳斯，但对施特劳斯的笔法恐怕还未有如今这般熟悉。据他在《施特劳斯的路标》中的说法，他首次感到自己同施特劳斯的亲和力是在1993年。但那时他看到的是"施特劳斯与价值相对主义和虚无主义的不懈斗争"——和《拯救与逍遥》中的立场相近。他真正开始明白施特劳斯"有名堂"是在1997年前后，这恰好是《沉重的肉身》收笔的时期。照此看来，如果只看到《沉重的肉身》的意义是表达一种与价值相对主义和虚无主义相抗争的立场，那么，虽说不上是误解刘小枫，但至少忽视了《沉重的肉身》想传达的另一样东西，这就是叙事伦理学。

刘小枫坚信，人们的伦理生活是一种生活感觉，而不是理智化的道德教条。《沉重的肉身》使《现代性社会理论绪论》中的讲述变得直观，从而使读者有可能直面现代人的生存困境。时隔多年，我们仍有必要细心体会他选择的故事，尽管我们也注意到，他不过是在复述他人的故事。然而，复述也是一种编织文字的技艺，与其说他在复述这些故事，还不如说他在讲自己的故事。刘小枫究竟是否也是他笔下的叙事思想家，当然可以争论，但不可否认的是，他喜欢叙事家的笔调,并擅长模仿这种笔调,就如同他擅长模仿施特劳斯一样。在某种意义上,刘小枫之所以亲近施特劳斯,正是因为这种叙事笔法,施特劳斯的那些著名的解读古代经典的作品采取的便是刘小枫热衷的复调叙事,例如,他的《柏拉图〈法义〉的论辩与情节》,通篇便是在复述柏拉图《法义》中的故事。①

理解了刘小枫的复调叙事,就能理解刘小枫近年来为何对讲故事那么感兴趣,他开始尝试自己讲故事,例如讲朝鲜战争的故事②,讲近现代中国宪政的故事③,这些故事讲得离奇,突破了学界常识,这些故事也像当初《沉重的肉身》讲述的故事一样,引起了极大反响,有人爱听,有人不爱听,但无论是爱听的人,还是不爱听的人,似乎都没有兴趣分析刘小枫为何要这样言说。在他们看来,讲《沉重的肉身》时的刘小枫有一种自由主义的情感,而如今有一种想要当

---

① 施特劳斯:《柏拉图〈法义〉的论辩与情节》,程志敏、方旭译,华夏出版社 2011 年版。
② 有关朝鲜战争的故事讲于 2010 年,5 月 12 日,他在复旦大学做题为"'龙战于野,其血玄黄'——共和国战争史的政治哲学解读"的讲座;5 月 23 日,在海南大学讲"朝鲜战争与古典史学";5 月 25 日,又以"朝鲜战争志"为题在中山大学开讲。
③ 2013 年 4 月,刘小枫先后应天津师范大学和中国政法大学邀请,对近代中国的政制史变迁做了独特解释。中国政法大学的讲演经凤凰网整理,迅速在网络上传播,引发了一场争议。考虑到"这个记录稿既未经本人许可也未经本人审阅,文句不通和错漏之处比比皆是。"随后,刘小枫刊布了题为"如何认识百年共和的历史意义"的文章(《开放时代》2013 年第 5 期,后收入刘小枫:《百年共和之义》,华东师范大学出版社 2015 年版)。

"国师"的热诚。①

因刘小枫的故事激动的人,大多不会关心他复述的另一些故事,这就是埃斯库罗斯讲的普罗米修斯的故事②,柏拉图讲的普罗塔戈拉的故事、苏格拉底及其弟子会饮的故事等等③。这些故事复述得十分精彩,只不过这些故事大多只能在课堂中才能听到,或在专业的学术期刊中才能读到。刘小枫无意将这些故事放到网上,其他的人听不到读不到,即便听到读到,也不会在意,这些故事显得与我们这个时代无关。然而,但凡听到过这些故事的人,不由得会思考如下问题:为何人们对他讲述的朝鲜战争和宪政往事的故事敏感,而不敏感于他复述的普罗米修斯和普罗塔戈拉的故事?刘小枫在接受《深圳特区报》的采访时,讲述了他近年来热衷于讲故事的原因:与启蒙狂热摆脱距离!④ 启蒙

---

① 思想界对刘小枫的质疑,尤以邓晓芒的批评为典型,并由此引发了一场笔争。争论的导火索是2013年4月刘小枫在中国政法大学讲坛上的文字在网络上的传播(参见前注),同年11月,邓晓芒发表题为"评刘小枫的'学理'——与刘小枫《如何认识百年共和的历史含义》商榷"的文章(《学术界》2013年第11期),同月,刘小枫通过华东师范大学出版社六点分社官方微博平台"六点图书"发表了题为"致八十年代的熟人邓晓芒教授的信"的回应文章(后收入《百年共和之义》),在这篇文字背后,附有一篇"《哲学家今天的角色》学习摘记",针对2010年左右邓晓芒和刘苏里的一篇题为"哲学家今天的角色"的对谈进行了评论。
② 刘小枫:《普罗米修斯之罪》,生活·读书·新知三联书店2012年版。
③ 刘小枫多年来在课堂上一直致力于疏解《普罗塔戈拉》和《会饮》等柏拉图文献,并从希腊文中重译了相关文本,柏拉图 等:参见《柏拉图的〈会饮〉》,刘小枫等译,华夏出版社2003年版;刘小枫编/译:《柏拉图四书》,生活·读书·新知三联书店2015年版。
④ 参见叶红梅与刘小枫访谈文章,《深圳特区报》2013年7月16日。

狂热是什么？本能冲动造反逻各斯的现代伦理！《沉重的肉身》和《现代性社会理论绪论》中针对的正是这种启蒙狂热。如此看来，刘小枫反启蒙并不奇怪……

编故事不是单纯地讲故事，不是单纯的叙述工夫，也要哲学工夫，这些年，刘小枫没有停止过对编故事与德性的关系的思考，他通过复述亚里士多德的《论诗术》来做这项工作。在已经发表的一系列文章中，我们看到，编故事是一种德性实践，故事的编织与德性的高低有莫大关联。有关《论诗术》的系列思考可以说为他在《沉重的肉身》中有关叙事与伦理的最初言说提供了进一步的理论支撑。在古希腊人那里，悲剧和喜剧有不同的德性品质规定，悲剧传达较高的德性，喜剧只能传达较低的德性，他因此来解释亚里士多德《论诗术》为何没有论喜剧部分的根本原因。① 无论刘小枫在这个问题上说得是否在理，都与情绪

---

① 刘小枫关于亚里士多德《论诗术》的系列解读文章，参见："诗学与国学——亚里士多德《诗学》的译名争议"，《中山大学学报》（社会科学版）2009年第5期；"诗术与编故事——亚里士多德《论诗术》题解绎读"，《兰州大学学报》（社会科学版）2011年第1期；"诗术与模仿——亚里士多德《论诗术》第一章首段绎读"，《求是学刊》2011年第1期；"作诗与德性高低——亚里士多德《论诗术》第2—3章绎读"，《中山大学学报》（社会科学版）2011年第3期；"谐剧与政体的德性——亚里士多德《论诗术》第三章中的题外话试解"，《重庆大学学报》（社会科学版），2011年第3期；"诗术与人性"，《现代哲学》2011年第5期，"《诗术》的伦理—政治哲学意涵"，《现代哲学》2012年第5期。"《玫瑰之名》与诗术——埃柯与亚里士多德的谐剧观"，《思想战线》2013年第1期；"《诗术》与内传诗学"，《比较文学与世界文学》2013年第1期。"城邦卫士与性情净化——亚里士多德《论诗术》中的肃剧定义试解"，《海南大学学报》（人文与社会科学版）2014年第1期。

无关，而与真正的伦理思想有关，涉及的是叙事伦理学这个古老的传统，他在古希腊找到了叙事伦理学的源头。

叙事伦理学的源头在古希腊，这或许可以解释刘小枫转向古典学的原因。在荷马那里，在希罗多德和修昔底德那里，在柏拉图那里，刘小枫到处可以遇到他在二十年前钟情的叙事伦理学，不同的是，二十年前他思考的是现代生活中的个体伦理，二十年之后，叙事伦理学进入了政治和法律生活的领域，但这不意味着他放弃了对个体德性的思考。

向古典政治哲学的转向，似乎也可归结为对叙事伦理学的兴趣。在复调叙事方面，刘小枫倾慕施特劳斯的才华，施特劳斯的一生基本上都是在搞复调叙事。通过这些复调叙事，施特劳斯想要传递给我们的是一种不同于现代伦理的古典伦理品质。只不过，在施特劳斯的复调叙事中，核心的论题是哲人与社会的关系。哲人是施特劳斯复调叙事的主体，在这个复调叙事中，施特劳斯看到的是古典哲人和现代启蒙哲人之间品质上的根本差异。

然而，刘小枫不是施特劳斯的"应声虫"，他有自己的立场。《沉重的肉身》中的那些叙事思想家的身份其实是现代小说家（电影家）。卡夫卡和基斯洛夫斯基让刘小枫感到安慰，却不能让他心安。写完《现代性社会理论绪论》之后，刘小枫深感现代生活中的空虚，与施特劳斯的邂逅使他对古典时代的生活方式和生活品质发生了兴趣，他转而开始复述古典时代的各种故事，这些故事的讲述让他笃定。其实，细心的读者会注意到,在《沉重的肉身》中,古典时代的政治哲人先于基督教的元素出场,在那里他早就为我们复述过苏格拉底讲的赫拉克勒斯故事。

结语

不理解《沉重的肉身》中的叙事伦理学,就没有办法理解刘小枫的"转向"。《沉重的肉身》中的叙事伦理学从表面上看是写作手法的问题,这种写作表面上看是在言说他者的事情,侧重于他者的灵魂和情感体验,但真正关切的是"自我",是个体道德世界的养成和塑造。但众所周知,逻辑的或理性的伦理学也言说自我与他者,例如在德国观念论传统中,自我与他者就是理解自由的必要条件。由此看来,刘小枫所关心的根本问题与理性的伦理学没有根本上的差别。

他者的灵感体验,其实是自我的写照。《沉重的肉身》以基斯洛夫斯基讲的多米克和玛格达的故事收尾,令人伤心,我们禁不住地问,多米克还会再爱吗?刘小枫在题为"透过他人的欲望看自己"的文章中再度谈到这个故事。这篇文章的末尾说,"大凡小说都是欲望的两面镜,既鉴照出叙事人自己的欲望,也鉴照出读者的欲望"。《沉重的肉身》中的复调叙事正是刘小枫透过他人的欲望看自己的具体的道德行动,借此,他想指引现代的读者看到自身欲望的萌动。

在昆德拉那里,刘小枫看到了现代人的生存小路上雾霭重重,透过昆德拉这个他者,他看到了现代性伦理的空洞。透过现代人的欲望,刘小枫觉得看自己看得模糊,于是转而透过古人的欲望回看自己。由此看来,这些年来知识界所谓刘小枫的"转向"的说法便有些含糊。据说,刘小枫近十年来转向了古典学,但这不意味着,刘小枫躲进了古典学的小楼,同《沉重的肉身》和《现代性社会理论绪论》时期一样,现在的刘小枫孜孜不倦地向我们展示的,是他对一个不同于现代世界的德性世界的思考。在古典政治哲学的世界中,在古代人的欲望世界中,他看到了德性之光在闪耀。而他凭靠的或者说模仿的,仍旧是《沉重的肉身》中娴熟地展示给我们的——叙事思想家的技艺。

上 编
现代生活的品质

第一章　霍布斯的"恐惧政治学"

——读《国家与正义：〈利维坦〉释义》

霍布斯始终是一个令人着迷的人物，他的生命自外敌入侵开始，在内战阴云中结束，终其一生，始终孜孜不倦地思考有关统治和服从的问题。他为后世的政治学学者和法学学者们构造了一个神秘且令人畏惧的"利维坦"，从此，他便与他的这个造物一道青史留名，始终萦绕在研究者的心头。

为什么会是利维坦？醉心于政治学和法学研究的年轻的作者们对此充满了兴趣。他们不仅关心作为政治制度建构的利维坦，"不仅仅在公共领域思考'家国天下'问题之现实和未来的需要"，而是在切身的意义上追问如下问题："我们究竟能在何种意义上透彻而深刻地了解政治生活的本质和人类事务的可能性？当政治势所必然地成为我们自身的共同体必须承担的历史命运时，究竟怎样建构公共生活才是正确而恰当的，又怎样才能建成强大、正义和持久的国家？"[①] 王利就是这样追问着的

---

① 王利：《国家与正义：〈利维坦〉释义》（以下引用为《国家与正义》），上海人民出版社2008年版，第4页。

年轻作者之一。

一

毋庸置疑,王利的《国家与正义:〈利维坦〉释义》是迄今见到的解读《利维坦》最详尽的中文文献之一。在出版者介绍中这样写道:"全书从政治秩序的构成和政治秩序的道德基础两个方面展开论证,前者主要论述主权与国家,后者主要论述正义与自然权利。本书可以作为理解《利维坦》的重要导论,同时也为霍布斯研究提供了扎实的文本依据和清晰的理论进路"。王利的研究在某种意义上将施特劳斯对于霍布斯的评论立场发挥到了极致,并且落实在每个章节的诠释中。他暗自追随施特劳斯的评论立场,坚持认为霍布斯是在自然权利的基础上构建政治国家,其本质是一种对于人性的感觉主义的抑或快乐主义的理解,与古典的政治德性格格不入。在他看来,对于旧的道德哲学主张的终极目的和至善的否定是《利维坦》的一个明显标志。霍布斯通过将生命、生活、幸福界定为激情的不断运动,从而使激情变成了人类道德生活的全部内容。因此,

> 与其说霍布斯以欲望的持续不断的运动使幸福成为新道德观的基础,不如说他以这种永不休止的权势欲取消了道德观的基础,或者说,他认为善恶就取

决于欲望本身的好恶，而没有确定不移的法则，这就是通常所谓的"快乐主义"。霍布斯因快乐主义著称，也因快乐主义而不断地遭受批评。①

快乐主义在本质上是感觉主义，它具有三个特征：一是主观主义，否定有评价善恶的客观的共同的标准；二是怀疑主义和相对主义，否定评价善恶的客观的共同标准存在的可能性；三是道德上的虚无主义，这是道德上的主观主义和怀疑主义的必然结果。在王利笔下，快乐主义不仅是自然状态论证的基础，也是利维坦论证的基础。

> 快乐主义在实质上表明了将道德标准诉诸个体的个人主义立场，由道德个体在善恶问题上的争执与冲突所引发的自然状态，需要通过道德个体自愿同意建立起来的最高权威予以解决，这就是利维坦。②

在此，利维坦被视为是对于自然人"快乐"生存的保证，利维坦的道德性或者正义在实质上也是快乐主义。考虑到在霍布斯笔下，快乐主义的论证通过激情的叙事来表达，因此，王利的意图就在于试图通过激情构架一座连接自然状态与利维坦的桥梁。

---

① 王利：《国家与正义》，第238页。
② 同上书，第240页。

尽管如此，利维坦的出现却似乎并非激情唯一导致的结果，而是同时包含了理性的参与。无论是在自然状态中，还是在利维坦中，既有激情，又包含有理性，自然权利因此就是激情与理性的复合体。然而，这一论证没有揭示出理性在霍布斯笔下的根本特征，理性一方面被认为是一种内在于人的心理本能，一种需要通过专门的方法和教导才能获得的推理能力，另一方面则又干脆就是"自然法"，从而具有不因人为要素的改变而改变的永恒性。这两个方面显然彼此矛盾，需要做出进一步的说明。在王利看来，

> 要想真正地理解理性，把握理性的本质，就必须将论证的重点进一步集中在造成智慧差异的原因，即自然激情上。[1]

由此看来，与其说自然权利是理性与激情的复合，还不如说是激情的独自运动，因为即便理性也不过是激情的特殊结果而已。因此，真正的理性就是激情分析之后所能得到的那个结果，即自我保存，与之相对的是一种称为恐惧的激情。正是在恐惧的激情之上，出现了一种反激情的激情，也才真正地呈现出霍布斯对自然权利

---

[1] 王利：《国家与正义》，第223页。

的确切理解，也才真正地理解《利维坦》一书中表现出来的理性主义与非理性主义的双重性。对此，王利的研究指出：

> 利维坦既因理性原理和一般法则而明确无疑，普遍有效，又因激情的独立自主和强大力量而不得不将之作为优先于理性的客观存在。①

这就揭示了利维坦的神秘性，也是其三位一体形象（人、神、王）的基本品质（值得注意的是，在卡尔·施米特笔下，利维坦具有四重性，即人、神、动物与机器）。②在王利看来，这也就是霍布斯即使认清了人性其他的一切构成成分，也要保留自然激情与自然理性两大要素的原因。利维坦因此摆脱了单纯的制度建构的属性，而具有一种精神建制的品质。于是，在王利看来，霍布斯的根本意图，

> 是要在一种新的精神秩序基础上，重新建立人类社会的道德秩序和政治秩序——当然，其前提是，允许我们把霍布斯所理解的激情与理性的关系界定为某种特定的精神秩序。③

---

① 王利：《国家与正义》，第292页。
② 施米特：《霍布斯国家学说中的利维坦》，应星、朱雁冰译，华东师范大学出版社2008年版，第68页。
③ 王利：《国家与正义》，第293页。

这是一种怎样的精神秩序？它又是如何为霍布斯建立起来呢？王利认为，这一精神秩序最突出的特征在于，激情在此享有针对理性的自由，"建构利维坦时无所不能的理性在这种自由面前束手无策，只能望'洋'（自由）兴叹"，但他也注意到，霍布斯没有将激情相对于理性的自由发挥到极端的程度，而"仅仅是走出了一小步"，其明显的标志是"恐惧和虚荣"成了霍布斯最热切关注的对象。由此看来，《利维坦》一书蕴含的新的精神秩序，是建立在恐惧与虚荣的对立基础上。具体来说：

> 身体的恐惧被认为是有利于和平的激情，因此也是最合乎理性的激情，而虚荣则被认为是最易导致战争的激情，因此也是最不合乎理性的激情。它们同时内在于人性，是一般人能够普遍同意的显著的激情，它们之间相克相生，因此无需理性，仅靠激情本身就可以实现对于激情的约束——毕竟霍布斯还承认，激情是需要得到限制和引导的力量，而在明确否定了理性对激情的约束后，能够实现这种约束的只能是激情的自我约束，在激情的谱系中，这就是一种激情对另一种激情的克服，也就是正义激情对不义激情的克服。[①]

---

① 王利：《国家与正义》，第293页。

然而，这个结论却与前述的论证相互背离，正义的激情对不义激情的克服恰好说明了在激情的内部存在一种自我约束的力量，而一种能自我约束的激情与基于感觉主义或快乐主义的激情毕竟不可同日而语。感觉主义的激情局限于产生激情的特定对象，它自始至终缺乏自我约束的力量，充其量只能由一种激情去制服另一种激情，唯有那种能够自我约束的激情才是义务的真正来源。因此，不是一般而言的激情，而是一种对于恐惧的激情，才是自然权利论的真正核心，才是霍布斯构建的精神秩序的基础，也才是霍布斯真正意义上的人性观的体现。至于这种人性观是霍布斯发现的，抑或是由他塑造的都在所不论，唯一重要并且毫无疑问的是，它试图从人性内部寻找构建政治秩序的根源，从而有别于古典道德哲学和政治哲学根据自然的秩序为人世生活确定等级，并且为之颁布基本的法则。

二

恐惧作为激情自我运动的结果，迥异于一般而言的激情。霍布斯有关恐惧的叙事寥寥几笔，却渗透了极大的心智和智慧。在《利维坦》中，恐惧被划分为三种类型，分别对应着各自不同的主题：恐惧或者是迷信的来源，或者是真正的宗教的来源，也是大规模的社会运动中人们内心情感的描述。这第三种类型的恐惧最为霍布斯重视，在激情的列表中也最令人瞩目，它是所有激情中唯一的一种与社会性有关的激情，panique terror① 在其字面上即有全国性的恐惧和无所不在的恐惧之意，这一政治哲学中的关键用语在现代英语中更为经常地用来描述一种心理疾病，即恐慌症。

如果说自然状态是各种不同的激情活动的逻辑结果，那么恐惧的出现则会使这个状态走向同一。在此，形形色色的激情为一种同一的激情替代，自然状态是一个恐惧无所不在的极端状态。因此，恐惧这种独特的激情就成为理解自然状态的绝好入口，只是现代人已经为一种虚弱无力的感觉所包围，出于自主能力的丧失而产生的对命运的顺从感以及对周边人事变动的无力感，催生了现代人特有的"一种渗透了恐惧的风险意识"，在此：

> "处于危险中"的概念里塞进了一种同传统理解的"冒险"截然不同的态度。"冒险"的表达包含了这样的预设：个体不仅能够进行选择，还能够选择探险和试验。冒险有其积极活跃的主体，他们的行动有能力实现正面积极的后果，能够对环境实现一定程度的控制，与此相反，"处于危险中"的概念颠倒了先前那种人与体验之间的关系。"处于危险中"给人指

---

① 霍布斯：《利维坦》，黎思复、黎廷弼译，商务印书馆1985年版，第41页。

派了一个被动的、依赖的角色,它不再关心你所做的一切,而是关心你是谁——对无力感的承认,至少在涉及到风险时承认无力,渐渐地,被描述为"处于危险中"的某人,被视为存在于一种永恒的脆弱状态中,这一术语使得个体的脆弱性是僵化了。处于危险中已经成为个体的属性。①

将这种现代世界的恐惧植入到霍布斯笔下的自然状态中,从而使自然状态中弥漫一种羸弱无力的感觉,这就是为什么在王利笔下有关恐惧的解读中会那么强调"身体恐惧"的原因。② 无论如何,只要身体能够获得自我保存,今后的幸福和快乐就算是有了指望。照此理解,利维坦的出现当然就是为了自我保存的需要,可是,这种理解丝毫没有顾及自然人激情生活的本质特征,自然人彼此势均力敌,一方不可能永远地占据压倒另一方的绝对优势。因此,自然人对于当下的生活丝毫没有虚弱无力的感觉。自然人为一种强劲有力的扩张欲望支配着,并且即便面临极端冲突,也不会因为"身体的恐惧"而放弃抗争的希望。对现代人身上能够体会到的那些恐惧,比如对于失业、环境污染、股市下跌的恐惧,自然人全然不解,并因此丝毫不加理会。他们对于自己想要的东

---

① 弗兰克·富里迪:《恐惧的政治》,方军、吕静莲译,江苏人民出版社 2007年版,第69页。
② 王利:《国家与正义》,第261页。

西，总是敢于随时拿自己的生命拼搏一场。至于施特劳斯揭示的那种对于暴力所造成的横死的恐惧①，也绝非自然人的恐惧的核心特征，因为除非他们对暴力造成的横死有所体验，因而已经处在垂死的边缘或者已死的状态，否则绝不会放弃斗争的念想。只要他们还有生活下去的激情，他们就敢于拿生命拼搏一场。

在利维坦之上渗透的那股神秘的气息，其实来源于这种神秘的恐惧，为什么骁勇善战、欲望空前的自然人突然停驻下来，放弃此前无所拘束的状态，而接受《利维坦》中主权者颁布的命令和法律？为何野蛮的文明人一时间变得如此彬彬有礼，熟谙上帝颁布的"自然法"？王利的研究表明，《利维坦》的深层意图在于"教育"，"他的真实想法，应该是《利维坦》教育利维坦"。② 这就意味着，自然状态之所以转向利维坦，并非是因为恐惧，而是以恐惧作为教育内容。自然状态其实不过是一种假想，这种相互冲突、战争不断的状态令读《利维坦》一书者产生深深的恐惧。正是借助于这种能够产生恐惧的意象，从而担保了真实的利维坦的稳定性。照此理解，《利维坦》的写作丝毫不关心利维坦本身的逻辑，而仅仅具有修辞的意义，即如何以一种虚构的、言辞中的《利维坦》捍卫现实生活中的利维坦，斯金纳大概就是怀抱着

---

① 施特劳斯：《霍布斯的政治哲学》，申彤译，译林出版社2001年版，第19—20页。
② 王利：《国家与正义》，第156页。

这个问题来写作他的《霍布斯哲学思想中的理性与修辞》一书的。[①]

然而，倘若根据这一理解，从逻辑上讨论自然状态向利维坦的转换就可以避免，也不必假定在霍布斯著作的背后隐藏着一个精神秩序，也因此，对于恐惧的讨论就大可避免。我们只需假定，无论是古人，抑或是近代人，每当面对危险的时刻，都会产生现代人那般的虚弱无力感。如今，我们出于对失业的恐惧而四处出击，为的是求得一份工作，而不管在这个过程中丧失了什么，能够免于失业因而免于恐惧就是正当。自然状态中的那副气象，无论对于自然人，还是对于现代人来说，其实都有着同样的含义，为求保命走为上计，这就是如今解读霍布斯的主流读法的基本预设，实际上则是以现代人的心灵来测度前人，这样的霍布斯解读一开始就已落入了现代性的窠臼之中。

教育的利维坦最终将利维坦视为自然人保命求生的身体建制，尽管王利试图从中寻找到一种新的精神秩序，可是作为这一精神秩序核心的那种恐惧的激情也被身体化了。一种感官主义的恐惧如何能够自我消解？如何能够实现对激情自身的约束和否定？害怕甲物并不意味着害怕乙物，即便是害怕为数众多的事物也不意味着害怕

[①] 斯金纳：《霍布斯哲学思想中的理性和修辞》，王加丰、郭崧译，华东师范大学出版社2005年版。

所有事物。试图通过此种教育来使人守护利维坦，只能以失败告终。从经验主义、感官主义的角度如何理解自然状态下的那种恐惧？自然人为何心生恐惧？这些都应该成为人们加以深思和认真体会的话题。然而，十分明显的是，即便是那种将恐惧作为教育内容的尝试，也须以懂得恐惧的内在结构为前提，否则，被教育者如何能够领会自然人的内在恐惧？如何像自然人那般因恐惧而感到守护利维坦存在的必要性？

三

哲学家康德曾经区分过两种不同的恐惧，并因此区分了两种不同的自我保存：

> 我们可以把一个对象看作"可恐惧的"，而又并不由于它而感到恐惧，这就是说，如果我们这样来评判它，即我们只要设想着这种情况：我们也许会要对它们做出抵抗，并且那时一切抵抗都绝对是毫无结果的。所以有道德的人恐惧上帝，并不由于上帝而有恐惧。因为他把对抗上帝及其命令的意愿设想为他绝不担忧的情形。但任何这样一种情况，如果他设想为自身并非不可能的，他都认为是可恐惧的。①

---

① 康德：《判断力批判》，邓晓芒译、杨祖陶校，人民出版社2002年版，第100页。

正是在这种可恐惧的状态中,他揭示了人的一种不同于在遭受自然界的攻击和危险时的自我保存,在这个状态中,人内心中的一种完全不同性质的抵抗能力显露出来,使我们敢于与自然界的表面的万能相互较量。在这里,自我保存意味着,那种可恐惧的状态唤起了我们的非自然的力量:

> 以便把我们所操心的东西(财产、健康和生命)看作渺小的,因而把自然的强力(我们在这些东西方面固然是屈服于它之下的)决不看作对于我们和我们的人格性仍然还是一种强制力,这种强制力,假如事情取决于我们的最高原理及对它们的主张或放弃的话,我们本来是不得不屈从于它之下的。①

康德对于恐惧和自我保全概念的新的提示为我们提供了诠释霍布斯笔下自然人之内在恐惧的钥匙。充满激情的、有勇有谋的自然人究竟为何最终放弃了自己的直接的权力诉求,而向往一个有秩序的状态。霍布斯那描绘自然状态的名句"孤独、贫穷、肮脏、粗野和短暂"②丝毫不意味着自然人的窘态,而是用文明社会与自然人的生存状态对勘的结果。生活在自然状态中的自然人因为解放了的欲望必定毫无羞涩与虔敬感,而后者则是一

---

① 康德:《判断力批判》,第101页。
② 霍布斯:《利维坦》,第95页。

个文明社会所赖以存在的精神和心理前提。仔细想来，人类历史却又似乎展现了一幅自然状态的真实画面，在战争和卑劣的政治活动中，文明人所表现出来的伦理和是非感并不比霍布斯笔下的自然人高多少。单纯的商业精神连带着自私自利、怯懦和软弱无能到处流行，而战争以及失败的政治变革往往造成了纯朴民风的丧失，造成了流离失所、食不果腹、盗贼横行、民生凋敝的生活境况。然而，即便如此，身处其间的人们在回顾这些历史经验的时候尽管深感恐惧与不安，却丝毫没有失去对法权秩序的持久向往。这又是什么原因呢？

我们不妨这样来理解，霍布斯笔下的自然状态是一个为神离弃的状态，在其间生活着的自然人注定要完全孤独地生活，一旦丧失了原罪的观念，自然状态便油然而生。然而，这丝毫不妨碍基督的再临拯救。自然状态下的人们度过的那种并非安宁的局面，必定在自然人的心中引起一种较之一般的激情更强有力的情感。与激情的解放相伴随的那种强有力的恐惧之情，不是使自然人转而臣服于一个自然状态下的主体，而必定是朝向一个有秩序的生存状态。借助这种状态，自然人战胜了自身，从而也就战胜了自己的孤独，战胜了对于造物主的遗忘，从而也就战胜了粗鄙的自然。由此看来，恐惧的出现意味着自然人的自我解放，使之从自然感觉中逃离出来，而上升到一个更高的领地。自然人的这种自我否定正是自然的内在目的，它将人作为一个崭新的自我形象树立起来，这就导致了霍布斯笔下崭新的上帝概念的出现。这里的上帝是一个表达了自然的合目的性的上帝，是一种伦理意义上的神学观念，新的上帝概念包含了一切创造物的原因，是一个无所不包的形象。霍布斯笔下的上帝形象因此就是人的理想，人除了臣服于这个理想形象之外，不臣服于任何人。人的理想形象的出场意味着自然人的生活从此有了一个目标。

由此可见，内心恐惧的自然人必定是怀抱着虔敬与羞涩之情的，他们重新体会到了逝去的上帝的再次降临，与此相伴随的是他们在内心产生的那种强有力的自我感觉，一种朦胧的自我意识。这才是理性与激情的真正来源。内心恐惧的自然人因此就是具有善恶是非感受的文明人，自然状态也因此转向了利维坦。自然人从此懂得了秩序存在的必要性，因为秩序的存在即意味着上帝的临在，利维坦在上帝的光辉普照之下，是懂得如何过神圣生活的文明人。

无所畏惧的自然人究竟为何会产生一种恐惧的情绪？这个问题也因此迎刃而解。唯有在一种全面解放的欲望生活中，唯有那些敢于为自身的生活奋斗拼搏者，才能够领会到真正的恐惧，才能体会到人类在世生存的绝望感，由此才能领略到内在世界的干净与疏阔。也正因此，我们才敢于相信，霍布斯笔下的自然人必定会在自然状态中感到欲望生活的局限性，快乐主义并非生活的真实原则，而一个不敢拿生命去奋斗和拼搏的人，必定永远与存在的秩序和内在世界的空阔无缘,他们断然体会不到利维坦作为存在秩序的价值。但遗憾的是,王利的研究不可避免地落入到了现代人的思维中,他以现代人对恐惧的体验将霍布斯笔下的自然人读作一群胆战心惊、求生心切的现代人,这就丝毫不能清晰地揭示出存在秩序在霍布斯笔下的那种神秘的魅力。尽管他在某些方面似乎看到了《利维坦》一书中理性与非理性交合而生发出的精神秩序的玄妙,但他却无力揭示这种交合,解读者的性格中充斥着现代人的观念,因而无法身临其境地领略霍布斯笔下自然人的心理和精神状态。

自然人禀有的那种内在恐惧颇类似或者甚至等同于刘小枫在他的那篇题为"我们这一代人的怕和爱"的短文中论述的特定的"怕"。① 可是如今,人们已经无法体味霍布斯笔下那种恐惧所特有的虔敬与羞涩。审美的旨趣已经为经济——技术理性和思维替代,教人如何能够领会恐惧中的审美的一面?我们因为那些可以赚取的事业疲于奔命,于是霍布斯的人性观也就被断然地认为是自然权利论,权利话语因此与审美无缘。然而,不应该忘记的是,恐惧概念之上弥漫的那种虔敬、羞涩、干净与疏阔的情调,正是霍布斯笔下自然人的爱与怕的生活的本质描述,也是霍布斯写作的时代欧洲精神生活的实然特征。如今,也许只有居处偏远的乡野村夫才能领略

---

① 刘小枫:《我们这一代人的怕和爱——重读〈金蔷薇〉》,载《这一代人的怕和爱》(增订本),华夏出版社2007年版,第12—23页。

到它了，或者也许只有那些内心高洁的城市大隐才能深切体会它。恐惧透露出来的那种崇高的情趣，如何能够为充满经济思维的现代人所察觉，如今成为了唯有学院派中的少数人才会去思虑的话题。

然而，恐惧并非孤独者生活的本质，孤岛生活中的鲁滨逊最终也回到了文明社会中，并且可以肯定的是，他更懂得文明社会对个体的真正价值，他甚至较那些文明人更懂得共同体的生活不是为了图方便，不仅仅是为了肉体的保存、快乐的满足，文明意味着存在的秩序，它属于上帝。只有那些过足了孤岛生活，在艰难困苦中拼搏了一番的鲁滨逊们方才懂得上帝的存在对于这个世界的真正意义，才懂得真正的孤独者从不孤独，才懂得尘世生活本身始终有神意的关顾与照耀。对此，那些过惯了奢华、富足、舒适生活的文明人不一定能够懂得，他们在行为的时候缺少恐惧，因此也就没有什么是非感。

结语

霍布斯写作的时代，正面临着传统神学政治秩序遭受颠覆之后的缺乏是非感、缺乏虔敬和羞涩的状态。因此，有必要再次回到孤岛生活中历练一番，才能真正为世俗的政治秩序确立价值。如此方才能够明白，我们所生活于其中的政治状态，并不仅是为了保存肉体和生命的延续建立起来的,而是意味着我们生活状态的存在属性。于是,从自然状态向利维坦的转换还表明了已经懂得生命存在的真实状态和具有了道德是非感的自然人同过去的诀别,他们已然决心不再过没有是非感的、缺乏神意临在的生活。因此,从自然状态向利维坦的转换还意味着决断的勇气和坚毅,也许正是这种同非存在诀别的勇气和意志感染了卡尔·施米特,在他笔下,霍布斯已然成为政治决断论的掌门人。[1] 这才是利维坦得以确立的精神含义,这才是《利维坦》写作的真正目的,正是在这个意义上,呈现在我们面前的,就不仅是教育的利维坦,而且是人类存在秩序的利维坦。

---

[1] 施米特:《政治的概念》,刘宗坤等译,上海人民出版社2004年版,第144—47页,尤其参见施米特:《从囹圄获救》,载《论断与概念:在与魏玛、日内瓦、凡尔赛的斗争中(1923—1939)》,朱雁冰译,上海人民出版社2006年版,第351—361页。

第二章　权利、激情与国家
——重读《利维坦》

霍布斯究竟如何构建其国家学说,这是一切法政哲学研究者必须认真思考的重大问题。而要想为这个问题寻找答案,必须首先理解他有关人性的看法。《论公民》的前言说:

> 我要从构成国家的要素入手,然后看看它的出现、它所采取的形式,以及正义的起源,因为对事物的理解,莫过于知道其成分。……在研究国家的权利和公民的义务时,虽然不能将国家拆散,但也要分别考察它的成分,要正确地理解人性,它的哪些特点适合、哪些特点不适合建立国家,以及谋求共同发展的人必须怎样结合在一起。①

唯有正确认识人,才能探明国家建立的根源。在《利维坦》引言中,霍布斯对"认识人自身"这句古老的格言进行了全新诠释。他提出,认识人自身就是要认识人

---

① 霍布斯:《论公民》前言,应星、冯克利译,贵州人民出版社2003年版。

性的普遍性方面,就是要探究人的全部感情活动,最终发现人与人之间"情感相似"的内容。①

对于共通情感的探究属于哲学的内容。但在霍布斯的时代,这个论题无疑令人疑惑。那时,受经院哲学浸染的知识人仍然有一种"信而好古"的热诚,②政治法律学说仍然坚守亚里士多德的前提,认为有一类人根据天性更适合于"治人",另一类人则根据天性则更宜于"治于人"。霍布斯质疑这种区分,他想要在"普遍共通"的人性基础上建构其政治法律学说。③这里所谓的"普遍共通"的人性不同于一般意义上谈论的个体情感和情绪,它必定反映了人性中的最深刻的同一性,正是这种同一性,为政治统一体的成立提供了必要的观念基础。我们由此可以推出,霍布斯倚重的激情不是局限于个体的激情,而是超出个体、属于政治社会的"独特的激情"。然而,人们习惯用一种局限于个体的激情概念来解说霍布斯的国家学说,并在此基础上,将个体的自然权利而非义务作为国家学的根据。对这个结论,几乎所有的研究者们都未感觉到有检验和审查的必要。在论述霍布斯的作品中,很少有专门的篇幅对作为其国家学基础的"激情"概念进行细致分析。

---

① 霍布斯:《利维坦》引言。
② 同上书,第576页。
③ 同上书,第117页。

第二章 权利、激情与国家

一

霍布斯有关激情的讨论从理解感觉开始,将感觉作为人类思想的开端是真正意义上的近代观点。在近代思想史上,培根首次指出,感性存在是真理,自此之后,哲学家逐渐懂得,共相、真理只能在感性存在中去寻找。与霍布斯同时代的洛克就对经验主义思维方式作了系统发挥,最终证明,共相、思想一般地包含在感性存在之内,人们可以从经验中获得共相、真理。霍布斯继承了这一观点,《利维坦》的开端声称,"关于人类的思想,我首先要个别地加以研究,然后再根据其序列或其相互依存关系加以研究"。①

感觉来自于外界物体或者对象对感觉器官的施压。通过对感觉的原因的分析,霍布斯就将对象世界和内部世界分离开来:

> 真正的对象本身虽然在一定的距离之外,但它们似乎具有在我们身上所产生的幻象,不过无论如何,对象始终是一个东西,而映象和幻象则是另一个东西。因此,在一切情形之下,感觉都只是原始的幻象。②

---

① 霍布斯:《利维坦》,第4页。
② 同上书,第5页。

这一区分有着重要的意义：对象始终是存在着的，感觉对于对象有一种依赖，对象成为检验感觉的标准。不仅如此，由于内部世界依赖于外部世界，因而，在认识方面就不能脱离外部世界。但这并不意味着，内部世界失去了相对于外部世界的独立性，比如，他说：

> 当我们说任何事物是无限的时候，意思只是我们无法知道这种事物的终极与范围，所知道的只是自己无能为力。①

又比如，尽管外部对象无法提供关于上帝的知识，但他认为，称上帝之名仍然有其意义，它"只是为了使我尊敬上帝"。这就表明，内部世界必定具有某种独立于外部世界的意义，可以产生出不同于外部世界的第二世界。实际上，揭示人的内在感觉世界的这个双重特征，是《利维坦》一书前十二章的关键内容，也是正确理解霍布斯国家学的基础的关键所在。

有关感觉的探究提供了起点，从此出发可以对感觉的序列和关系进行研究。这一研究领域有一全新的名称，即"想象"。对想象的研究从属于对感觉的研究，但它并非是静态地研究感觉，而是研究感觉的运动。感觉的序列存在于感觉的运动中，想象是对感觉运动的描述。

---

① 霍布斯：《利维坦》，第17页。

从感觉的原始序列(即所谓的原始想象)出发研究感觉的运动,可以获得两类知识:其一是记忆,其二是慎虑。前者产生于为某种结果寻找原因的过程,或者产生于为原因寻找结果的过程。[1] 后者则源自经验的积累,对未来做出预测和假定。[2] 然而,不论是记忆或慎虑,都建立在感觉基础之上,同对象有着或多或少的距离,因而作为知识都是不准确的。在霍布斯看来,真正的知识属于推理,只有推理,才能建立与对象相符合的感觉序列。推理是理性指导下的推论过程,它具有想象无法达到的确定性。[3] 推理的光辉例子是几何学,它获得的成果被称为"学识"。[4]

尽管霍布斯对于推理倾心赞赏[5],但正确地进行推理十分困难。一方面,人们可能会滥用作为推理前提的定义[6],在霍布斯看来,语词除了能反映出对象的本质之外,还可能会具有说话的人的本质、倾向与兴趣赋予的意义。[7] 另一方面,只有在进行大量训练后,才有可能运用正确的推理,但即便是训练有素也可能出错。因此,政治法律学说显然不能指望建立在理性推理的基础

---

[1] 霍布斯:《利维坦》,第15页。
[2] 同上书,第16页。
[3] 同上书,第34—35页。
[4] 同上书,第32页。
[5] 同上书,第28页。
[6] 同上书,第19—20页。
[7] 同上书,第27页。

之上。

霍布斯对推理的滥用嗤之以鼻,大加讽刺,他的真实想法是要在大多数人的品质的基础之上构造有序的政治法律结构。在有关语言和推理的讨论过程中,他不止一次地谈到"激情"[①],明确预示着他要将关于激情的分析视为一个全新的领域。

激情不等于感觉,关于激情的知识迥异于关于想象和推理的知识。记忆和慎虑只涉及想象的内容,只涉及事物是否存在,即认识论问题;但在激情描述的"自觉运动"中,思考的是想象同现实对象的关系,即实践问题或欲求能力的问题。这种关系是通过情感来表达的:

> 当这种意向(即明确地被意识到的想象)是朝向引起它的某种事物时,就称之为欲望或者愿望。……而当意向避开某种事物时,一般就称之为嫌恶。欲望和嫌恶这两个名词都来自拉丁文,两者所指的都是运动,一个是接近,一个是退避。希腊文的这两个字的意思也是这样,一个是接近,一个是退避。[②]

霍布斯将与肉欲有关的"愉快"称为"感官愉快"

[①] 霍布斯:《利维坦》,第19—20页,第23页,第26—27页,第28—29页等处。
[②] 同上书,第36页。

(pleasures of sense)。它受制于直接或间接的身体感觉，具有自然的和被动的属性。相较而言，他所谓的"愉快"与"不愉快"则产生于内在世界相对于外部世界的积极作用，产生于"对事物的结局或终结的预见所引起的预期"，即所谓"精神愉悦"(pleasures of mind)。在此种愉悦中，并未考虑目标指向的事物在感觉上是否愉快，而只考虑目标本身是否能使人愉快。考虑到唯有借助激情才能提供目标，才能产生对现实世界的欲望、爱好、嫌恶、憎恨、快乐与悲伤，因此，"精神愉悦"就有超出"感官愉快"的"价值"，它是生命运动的"辅助"和"加强"。①

忽视"感官愉快"与"精神愉悦"之间存在的区分，是误解霍布斯国家学说的人性论基础的根源所在。在霍布斯笔下，激情是对人类实践生活的描述。他注意到：

> 任何人的欲望的对象就他本人来说，他都称为善，而憎恶或嫌恶、恶和可轻视状况等语词的用法从来就是和使用者相关的，任何事物都不可能单纯地、绝对地是这样。②

在此，激情的概念与伦理学上的善、恶概念关联起

---

① 霍布斯：《利维坦》，第38—39页。
② 同上书，第37页。

来，人的激情成为了善、恶的源泉。但这并不意味着，善、恶下降到动物的层面。激情并非病理学意义上的本能与冲动，相反，它带来了一种"精神愉悦"，这是"感官愉快"无法比拟的。感官无法给人类活动带来目标，唯有精神愉悦才能成为生命的标志。唯有精神愉悦才能命令人，才能鼓舞人，才能不断使人追求其目标。霍布斯说：

> 一人对于时常向往的事物能够不断取得成功，也就是不断处于繁荣昌盛状态时，就是人们所谓的福祉，我所说的是指今生之福。①

激情总是体现着想象的能动力量，它以对现实世界的支配为内容。霍布斯将直接与作为或者不作为相关的那种欲望或者反感，称为"意志"。激情的能动力量正是通过意志表达出来的，意志是一种直接规定运动的激情。如果说在感觉中，外部世界对内在世界实行强迫，那么，借助于激情，就将这一关系颠倒过来。激情提供了行动的动力，感觉的内容则提供了行动的目的。尽管激情总是要与行动的目标相互关联，但两者之间是应该区分的，它们的存在基于不同的原理，前者是欲求能力，后者则是认识能力。因而在《利维坦》的引言中，霍布斯便宣称要将"情感的相似"和"对象的相似"区分开

---

① 霍布斯：《利维坦》，第45页。

来进行探究。

由此看来,"欲望"并非一种原始感觉,而是保持着与原始感觉,以及与对象之间的距离。它偏离了对象在内心中的表象,超出了原始感觉,以最丰富的方式呈现自身,形成了不同于原始感觉的"第二世界",正是这个世界替代了原始感觉所对应的真实的对象。因此,"激情"并非是人的动物性的显现,而是人的内在世界的支配活动的表达。将人的内在世界作为独立的、自在的世界加以探究,这就超越了自然主义,具有了真正的哲学意义。然而,人们并没有十分公正地对待这位哲学家,即便黑格尔也坚持认为,在霍布斯的学说中"没有什么玄思的东西、真正哲学的东西。"①

二

在《论公民》中,霍布斯集中表达了导致自然状态的三个原因:一是所有人都有为害人的意愿,人们总是高估自己,认为自己可以凌驾在别人之上;二是认识上的分歧;三是许多人同时想要同一样东西。② 第一个原因和第三个原因都属于激情,第二个原因则属于认识。

---

① 黑格尔:《哲学史讲演录》(第四卷),贺麟、王太庆译,商务印书馆1978年版,第157页。
② 霍布斯:《利维坦》,第92页。

考虑到自然人在身心方面平等,在知识方面不至于引起较大分歧。因此,就可以得出如下结论:认识上的分歧不是冲突的真正原因,唯有激情才是自然状态的根源所在。激情不是动物式的本能冲动,也并非心理学上的情绪迸发,而是人的内在世界的能动性的产物。它摆脱了自然性,通过人的情感世界支配现实世界。正是在此意义上,福柯注意到,导致自然人之间的相互冲突的是自然差异性的消失,"在自然之差异性消失的地方,就产生了不确定性、冒险、危险以及双方预备交战;正是这种原初性之势力关系中的动态原素产生了战争的状态。"①

在自然差异消失的地方,正是激情生活对现实世界的支配占据主导的地方。在激情生活所及之处,一切自然差异都可忽略不计。在霍布斯看来,激情生活是如此丰富,如此多样,以至于不仅同一类事物无法在同一个体身上永远引出相同的激情,而且所有的人也不可能对同一对象有相同的激情。② 这一切都将导致个体以绝对自由的态度无规律地构建各自的世界,这些世界必然相互交叉和重叠,冲突因此不可避免。因此,冲突的真正原因,不在乎人口的众多、资源的匮乏,而是因为激情

---

① 福柯:《必须保卫社会》,钱翰译,上海人民出版社1999年版,第79—99页。
② 霍布斯:《利维坦》,第37页。

支配的世界之间的交叉与重合。因此，我们便可以说，早在霍布斯讨论激情概念之初，便潜在地孕育了冲突的可能性。

这种有关冲突原因的看法极大提升了理解冲突的层次，它将冲突的真正根源归结给人的精神活动。要想真正解决冲突，需要诉诸人的精神能力。这就对后世思想家产生了极大影响，黑格尔因此认为，个体之所以要表现出毁坏他人财产的欲望，并不在于他想要满足自己的需要，而是为了引起他人的关注。能动的激情生活产生的冲突状态与一般而言的冲突状态具有截然不同的特征，这是一场个体与个体之间的战争。并且，战争不仅存在于现实的战役和战斗之中，更重要的是，表现为一种普遍的战争意图。霍布斯尤其注意到，要想认识自然状态中的冲突，还需考虑时间要素：

> 时间的概念就要考虑到战争的性质中去，就像在考虑气候的性质时那样。因为正如同恶劣气候的性质不在于一两阵暴雨，而在于一连许多天中下雨的倾向一样。战争的性质也不在于实际的战斗，而在于整个没有和平保障的时期中人所共知的战斗意图。所有其他的时期则是和平时期。[1]

---

[1] 霍布斯：《利维坦》，第94页。

时间要素的引入提示我们,尽管战争没有现实发生,却有时刻爆发的危险。这是一种对于冲突的"现实可能性"的描述,具体来说,

> 只要战争被描述为现实(也就是说,只要它被宣布为一种偶然未来之中的不可排除的事件),它就早在开始之前就开始了。只要它是可能的,它就是现实的。……只要战争是现实可能的,敌人就存在;只要他存在,他的可能性就当下地、现实地被假设了,并且正在形成自己的结构。[①]

霍布斯试图找到控制"激情"的方法。他从人与人之间的竞争开始,并未表明他坚持人性本恶的观点。承认人与人之间的竞争和冲突,无须承认人与人之间"天性为敌"。敌对意味着分裂,敌对的绝对性意味着分裂的绝对性,在此基础上无法构建稳定的共同体。竞争和冲突的根源在于激情,在于内在世界对外部世界的支配。因此,自然状态并不同于单纯的暴力世界,相反,它具有"替代"的意义,它"替代"了一个纯粹暴力的动物状态,与自然状态中敌对的"现实可能性"相对的,是

---

① 这一关于冲突的"现实可能性"为施米特所发展,详尽分析参见德里达:《友爱的政治学及其它》,胡继华译,吉林人民出版社2006年版,第123—125页。

有秩序的政治社会的"现实可能性"。

黑格尔曾简洁而鲜明地指出霍布斯自然状态论述中的不足，他视霍布斯自然状态的实质是"动物状态"①。但黑格尔既未解释自然状态产生的根源，也未解释这种状态消逝的原因。自然状态并非起源于人的动物式本能，而是起源于独立于自然的激情。激情是"欲望"的源泉，它间接地作用自然，产生自然的"剩余价值"。单纯个体的自然本能不能将敌对扩大到如此普遍的地步，只有通过激情的支配，即便在对象不存在的地方，也要构想对象，才能成为普遍敌意的源泉。卢梭早就注意到，冲突并非起因于自然，"激情"只能在社会中才能产生，他正确地看到，霍布斯的自然人已经成为了社会人。对此，霍布斯绝不否认，他清晰地表明，"欲望"是小团体的根源。②他的自然状态因此就并非如卢梭笔下的自然状态那般出于自然，而是自然物和人为物的综合或者复合。

激情是绝对自由的，它是内在世界的未受规定状态。在政治社会中，个体生活的主要目标既非由感觉提供，也非由理性提供，而是由激情提供。自然人尚未完全脱离自然，现实世界的经验活动仍然是必须重视的方面。但在此却不存在的单纯的现实世界，而只有现实世界同内在世界的复合。通过"激情"，现实世界获得了扩展，

---

① 黑格尔：《哲学史讲演录》（第四卷），第158—159页。
② 霍布斯：《论公民》，第10页。

超出了外部对象，给个体带来了全新的感觉，即愉悦或不愉悦的情感。这种激情具有感觉不具备的能动性。因此，正是霍布斯使人性中的激情独立出来，为政治学或者一般而言的实践哲学开启了新的方向，从此，构成人性的要素中又增添了新成员，在理性的认识能力之外，情感能力也是人性的重要组成部分。此前的思想家们总是将激情当作本能加以排斥，霍布斯却为激情正名，激情不仅不应该被排斥在政治学和法律学的领域之外，相反，它是人性中最普遍的要素，它不仅主宰了理性对世界的认识（如好奇心），而且较理性更适合充当政治生活和法律生活的根据。他甚至主张，不是理性而是激情，是区分人与动物的最重要根据。懂得过激情生活的自然人是居于想象和现实之间的存在者。与古代思想家不同，霍布斯认为，透过激情也能聆听人类灵魂的声音。

三

尽管自然状态极其悲哀，却有可能从中解脱：

> 这一方面要靠人们的激情，另一方面则要靠人们的理性，使人们倾向于和平的激情是对死亡的恐惧，对舒适生活所必需的事物的欲望，以及通过自己的勤

劳取得一切的希望。①

> 语词之力太弱，不足以使人履行其信约，人的本性之中，可以想象得到的只有两种助力足以加强语词的力量：一种是对食言所产生的后果的恐惧，另一种是因表现得无需食言所感到的光荣和骄傲……可以指靠的激情是恐惧。②

在霍布斯笔下，恐惧是摆脱自然状态，走向政治社会的关键。

在《利维坦》中，霍布斯区分了两种意义上的"恐惧"（fear）：其一是对于头脑中假想出的，或根据公开传说构想出的不可见的力量的恐惧；其二则是一种因为对原因或者状况的不理解而产生的恐惧，又被称为"恐慌"（panique terror）。在自然状态下出现的究竟是何种恐惧呢？霍布斯做了极其清晰的说明：

> 人们反对说，通过相互的"fear"并不能结合成为社会，相反，如果他们如此地对于对方感到害怕，那么，他们甚至连看都不会看对方一眼。在我看来，

---

① 霍布斯：《利维坦》，第97页。
② 同上书，第107页。

> 反对者们认为"fear"仅仅是指实际上受到了惊吓（actually frightened）。但是我通过这个词是指代对于未来之恶的预测。在我看来，不仅是逃跑，而且不信任、怀疑、警惕和对于所担心的东西加以预防是那些处于"fear"状态下的人们的特征……①

这个原本在《论公民》中作为脚注的句子改头换面成为《利维坦》讲述自然状态的关键段落②，由此看来，《利维坦》中的恐惧是一种产生自"对于未知的恶行的各种预测"的"激情"。相较而言，日常生活中所谓的恐惧则是"惊吓"，它并非作为激情而存在，而是当身体遭遇现实的危险时而发出的本能的自我保护信号。由此看来，认为霍布斯笔下的恐惧属于"身体的恐惧"的看法就误解了"激情"的本质。"激情"表达了想象对现实对象的支配。究竟何种原因能导致死亡属于认识的内容，根源于经验，只能靠记忆、慎虑、理性获得。但恐惧的真正根源却并非因为恐惧特定对象，根据霍布斯的说法，恐惧出于"对于命运的关切"③，然而，对命运的关切总会存在原因，一旦真相大白，恐惧就会随之消失。况且，

---

① 霍布斯：《论公民》，第 11—12 页。（此处据英文本重译，参见 Hobbes, *On the Citizen*, Edited by Richard Tuck and Michael Silverthorne, 中国政法大学出版社 2007 年影印版。）
② 霍布斯：《利维坦》，第 95 页。
③ 同上书，第 80 页。

由于人们之间的激情彼此不同,不可能同时产生对相同事物的恐惧。唯有一种情形,似乎能使人处于长久的恐惧和焦灼不安的状态,因此成为真正的恐惧的根源,这就是出于对未知原因的好奇而产生的恐惧:

> 人们既然相信以往所出现的和未来将要出现的一切事都有其原因存在,所以不断力求免于所惧之祸、得到所望之福的人对于未来就不可能不经常感到担心。于是,每一个人、尤其是过分预虑未来的人、便处在类似普罗米修的状况之中。因为就像普罗米修(这个名词解释起来就是精明的人)被钉在视野辽阔的高加索山上,有鹰以他的肝为食,白天吃掉多少,夜晚又复长出多少的情形一样,一个关注于未来、看得太远的人的心也是成天地被死亡、贫困或其他灾难的恐惧所蠹蚀,除开在睡梦中以外,总是无休止地焦虑,不得安息。[1]

人的内在世界一旦超出现实世界,就使主体产生了对即将到来的危险的"预虑""焦虑"和"恐惧"。这是一种脱离了对象实存的恐惧。想象的这种脱离现实世界的能力,不再是一种认识能力,而是一种欲求能力。想

---

[1] 霍布斯:《利维坦》,第80页。

像在对现实世界的支配中无法获得满足，它无法把握现实世界，又不肯放弃其支配权。主体尽管可以想象被支配的对象，但却缺乏可以支配的对象。恐惧实质上是一种"无对象"的畏惧。

在对恐惧概念进行界定的过程中，霍布斯进一步指出，"这种激情只存在于众人之中"，他解释说："最初发生这种畏惧的人，对于原因总是有一些理解，只是其余的人一个个都认为旁人知道为什么，于是跟着别人一哄而散了"。[1]

这就表明，霍布斯在自然状态中所说的恐惧，并非是个体性的恐惧。更准确地讲，自然状态中的恐惧是从个体的恐惧出发的，最终扩展为一种普遍的、共同的激情，因而具有公共性。恐惧激情的这种独特的特征，一直没有为研究者们重视。我们在日常生活中了解的激情都是个体性的，受制于个体的身体结构和认识想象，但霍布斯笔下的恐惧却摆脱了个体性，这究竟如何可能？这就需要进一步细致地讨论在自然状态中，人们在共同生活中的具有的内在心理结构。

在个体身上出现的恐惧，常常能够找到引发恐惧的原因，一旦原因消失，恐惧也就会消失。但究竟是什么原因令自然状态中的人们个个心生恐惧呢？施特劳斯认

---

[1] 霍布斯：《利维坦》，第41页。

为，个中原因是"暴力造成的横死"，他想将这种原因归结给战争所带来的危险的程度，即并非一般性的死亡事件，而是暴力所带来的严重的死亡威胁。但这个判断并不符合霍布斯本意，首先，在自然状态中，人类的认识水平相当低下。其次，尽管自然人也有求知欲（霍布斯甚至认为，求知欲和好奇心是人有别于动物的特征），但也不能肯定他们对原因的认识能达到同一水平。因此，虽然死亡对关切自我保存的自然人是一个重大事件，但他们并不会过分在意恐惧的原因，或许是因为他们根本就认识不到原因，或许即便有这种认识，也不可能有对于这种原因的统一性认识。因此，不如说他们对恐惧的原因采取了完全漠视的态度，对这种众人的恐惧来说，恐惧的原因在某种程度上是不存在的。

然而，恐惧的感觉却在每个人中间蔓延，之所以如此，是因为尽管他们不从认识论的角度来讨论恐惧的来源，但旁人的恐惧就已经足以使得他们心生恐惧。因此，使每一个体产生恐惧的原因，都是导致众人恐惧的原因，这就必然会引起恐惧在众人之间的传递。但为何会出现这种情况？只因造成恐惧的原因太多且繁杂，能预设任意一个理由，尽管它并非旁人产生恐惧的理由。因此，恐惧的实质还得在个体的生活状态之中去寻找，个体必然经历过令自己恐惧的状态，而这种状态正在发生和蔓延，这就是战争与冲突的"现实可能性"，这也就是为什么霍布斯在对于自然状态的描述中,会如此强调时间因素的原因。战争与冲突既不会停止,也不会永远停留在可能性中。眼下冲突的现实只是冲突的可能性的一次显现,而根本无法穷尽冲突的全部可能。凡此种种,就使恐惧成为自然状态之下共有的基本心灵结构。

尽管导致恐惧的对象具有一种丰富的、杂乱的,以至于不可把握的特征,但就内心世界而言,恐惧却是一种稳定的情感结构。当自然状态走向极端,恐惧也获得其稳定的形式,成为超越了个体主义局限的普遍激情,恐惧因此就揭示了个体激情之绝对自由的必然结局。正是这种独特的激情,使自然人身上的一切"激情"摆脱了自然要素,上升到纯粹的内心世界,因此确立了自我意识。但应注意到,在霍布斯笔下,通过恐惧概念建立起来的自我意识并未走出自身,它尚停留在对那个充满战争的"现实可能性"的对象世界的依赖中,而未获得自己的本质形式。这种自我意识的萌芽,直到黑格尔笔下才获得其完善的形式。在黑格尔笔下,自我意识终于冲破了对象世界的依赖,它最终走出了自身,在自身之内达成了达到了对自己的认识。在此,自我意识完成了双重化的使命,从而建立了相互承认的法权。

四

在国家学说史上，正是霍布斯首次提出了一种假设的国家契约基础及其动机的完整解释。如果说在自然状态中，具体行动是根据主体的主观欲望设定的，则在利维坦中，这一主观行动就客观化了：前者是抽象自由，建立在欲望的正当性基础上；后者则是具体自由，存在于具体的法权共同体中。霍布斯的契约观本质上并非私法契约，而意味着一种同质性，它是"利维坦"成立的观念基础。这种同质性表现为具体的一国"臣民"之间的自由和平等。正是基于这种同质性，自然状态下的原子式个体向着共同体转化。在利维坦中，自由的一般特征已不同于自然状态下的绝对自由，而是超出了个体，走向了共同体。

在自然状态中，所有人彼此平等，自行判断其恐惧失约的心理是否有正当理由，因而无法设想存在绝对的强制。新的自由观的生成因此要从恐惧概念中获取力量。恐惧概念中的超越性方面正是利维坦形成的基本原理，因为它超越了个体性，而建立了同质性和公共性。在契约的基础上建立的共同体必须通过恐惧才能获得保证。只凭借一种奠定在合意基础上的契约无法实现从自然状态向利维坦的转换。对此，霍布斯指出：

> 如果要建立这样一种能抵御外来侵略和制止相互侵害的共同权力，以便保障大家能够通过自己的辛劳和土地的丰产为生并生活得很满意，那就只有一条道路：——把大家所有的权力和力量托付给某一个人或一个能通过大多数的意见把大家的意见化为一个意志的多人组成的集体。……这就不仅是同意或协调，而是全体真正统一于唯一的人格之中；这一人格是大家人人相互订立信约而形成的，其方式就好像是人人都向每一个其他的人说：我承认这个人或集体，并放弃我管理自己的权利，把它授予这人或这个集体，但条件是你也把自己的权利拿出来授予他，并以同样的方式承认他的一切行为。①

既然同意或协议不足以成为政治状态成立的根据，那么，是什么东西使全体统一在唯一的人格之中呢？要想实现这种人格，而不只是获得建立在数量基础上的社会契约，就必须诉诸恐惧概念的超越性。这种超越性是政治人格的真正来源，它属于精神的事物，只有在那种超越性的恐惧的基础上，主权的生成才可以被誉为是"活的上帝的诞生"②。正因此，也才必须令其"绝对"和"神圣"。"在地上没有像他造的那样无所惧怕。凡高大的、

---

① 霍布斯：《利维坦》，第 131—132 页。
② 同上书，第 132 页。

他无不藐视、他在骄傲的水族上作王"。霍布斯将主权视为"人类中权势最大的",是大多数人根据自愿同意的原则联合起来,把自身的权势总合在自然人或社会法人身上的权势。①

由此看来,深受后世学者诟病的"绝对主权"概念,绝非是为了主张专制主义,实质上是通过绝对主权概念表达的"超越性",保证利维坦替代自然状态的有效性。正确的方法是将霍布斯的主权绝对学说理解为一项命令:必须捍卫政治状态,与自然状态诀别。主权绝对学说的实质是为了使人们理解和捍卫主权的根据,而并非宣扬国家可以肆意运用暴力和强制。霍布斯甚至主张,世俗法一旦与自然法相互违背,就不会有任何拘束力。②

要想理解霍布斯笔下共同体秩序存在的可能性,就必须领悟恐惧概念的超越性。霍布斯通过自然法传达这种超越性,传播自然法的道理正是《利维坦》的目的所在。但如何传播自然法,如何使人们理解政治状态之所以为政治状态的根据呢?根本方法是诉诸人们的宗教观念。新的宗教是霍布斯国家学的秘密所在,正是这种宗教使政治状态的存续获得了保障,正是它削弱了权力概念的自然方面,避免主权的正当强制沦为暴力。

在霍布斯的上帝概念中反映了恐惧概念想要传达的

---

① 霍布斯:《利维坦》,第62—63页。
② 同上书,第261—263页。

超越性。在他看来,在一切事物中,上帝具有"第一因"的地位。① 上帝具有超越一切的属性,因而"不可抗拒"。② 这种不可抗拒的力量甚至超越了利维坦,因而利维坦也需在上帝中获得根据。正是在此意义上,霍布斯宣称其国家学是其宗教哲学的组成部分。③

然而,无论在想象中还是在推理中,都无法找到上帝这个对象,霍布斯试图用情感来取代宗教,上帝存在的根据被置于人的"内心崇敬"中。内心崇敬是自然法的本质,他提出,"神律所规定的不是人伦之间的自然义务,便是我们对主权者上帝自然应有的崇敬之道"。他甚至提出,上帝之所以要降福祸于人,"也不是这人犯了罪,也不是他的父母犯了罪、是要在他的身上显出神的作为来。"④ 在此方面,霍布斯偏离了基督教会的视野,招致了罗马天主教会、英国圣公会高级教会的教士和清教徒式的基督教长老会教士的反感。上帝无法被认识,只能被荣耀和赞美,他根源于一种超越于客观对象的普遍情感。

也正是在这里,我们发现了利维坦的生命所在,这个"活着的上帝",这个"骄傲之王",不是在人世间的

---

① 霍布斯:《利维坦》,第163—164页。
② 同上书,第279页。
③ 同上书,第88页。
④ 同上书,第280页。

欲望中获得生命的，真正的源头是一种超越的、神圣的情感。因此，霍布斯笔下的恐惧又可以被称之为"神圣的恐惧"，它使人们再度与上帝亲近。

利维坦建立在"神圣的恐惧"基础上，它始于欲望，又超越欲望，它具有的普遍性和超越性，为共同体的形成奠定了基础。政治共同体是一种统一而非分裂的状态，它以普遍性和同质性为其观念基础。恐惧概念凭借自身为这种同质性提供保证，并且提供了守护此种同质性的力量。由此看来，恐惧就不仅是自然状态的本质，也是利维坦赖以建立的基础。而一旦忽视了恐惧概念的超越性，则霍布斯的利维坦就将带来恐怖，而他的国家学也因此会沦为没有道德关怀和缺乏价值判断的政治社会学。霍布斯借助于新的宗教来保证了此种特殊的内心结构，从而使他提出的国家学保持着同政治社会学之间的距离。

结语

霍布斯的恐惧叙事完全符合近代哲学的一般倾向，在此，"有限的东西，内在和外部的现实被人们用经验加以把握，并且通过理智提升到普遍性。人们要求认识各种规律和力量，即是说，要求把感觉中的个别东西转化为普遍的形式"。①

在霍布斯的时代,精神进入到了寻求普遍事物的阶段,但还远未达到普遍物的确定性。既然如此,人们就用一种超越性的情感替代对确定物的认识,借此捍卫被否定了的具体经验。正是在这一思维水平上,霍布斯提供了对人性的崭新看法,在他提出的建立在激情基础上的人性观中,人的自然性和精神性结合起来,并将这种结合反映在一种具有普遍意义的情感结构中,至此,霍布斯就完成了国家学的奠基工作。在对人性之内在结构进行考察的基础上,他发现了共同体得以可能的根据,建立了一种崭新的国家学学说。借此,他就为一个战乱频繁、丧失秩序的时代,带来了对于未来和平的确定的"希望"。

---

① 黑格尔:《哲学史讲演录》(第四卷),第5页。

第三章　洛克的"自然状态"神话

——读《政府论》下篇

自霍布斯以来，自然状态学说已经成为政治哲学的基本话语。而在诸种自然状态学说中，霍布斯显得过于嗜血，卢梭又表现出过分幼稚，唯有洛克能一直以其"贤明"赢得尊崇。洛克的言说清晰而又不失自由的冲动，既没有桀骜不驯的话语，亦没有晦涩难懂的修辞，大凡讨论政治哲学者都热衷于谈论他。然而，洛克的魅力不在于其哲学体系，而在于他的政府学说，尤其是其中的财产权与自由的学说，这是他对整个政治哲学的一大贡献。他的财产权论述影响了一代又一代的知识人以及政治家，并在美利坚合众国结出现实的硕果，至今影响犹存，并且势必影响此后的时代。

一

17世纪的不列颠岛，硝烟弥漫，充满血色悲哀。新教改革风潮频起，其规模和形式远远地超出了自我信仰的范畴。它以极其严谨且冷酷的事实向世界阐明了神学的政治含义，阐明了信仰所需的具体时间、空间范畴。

它将政治国家与个体结合得如此紧密，以至于如果国王和政客们不懂得政治的真实价值所在，就必将为这个时代淘汰。正是在这个时代，现代的英国精神开始萌芽和初生，也就是在这个时代，世界概念超出了以往的任何一个时代，在频繁的战争中英国人开始迈开海洋帝国的步伐，古老的印第安世界的大门从此向世界洞开。

战争不仅教会了政治家，而且教会了思想家。霍布斯敏锐地洞察到："权威而非真理制定法律"，一个政治家如果想在英伦立足，没有足够的智慧，或者不能处理教俗关系，则并非高明的政治家；反之，在洛克看来，如果一个人想出人头地，又不想以戎马疆场作为自己发迹的起点，则大可以选择远涉重洋，开辟属于自己的国家（"太初有美洲"）。也许在历史上很难找出如此自由的时代，人们对于未来充满了希望，唯有保守主义者才会绝望地看待这个世界。

时代的基本精神渗透在思想家的著作中。在阅读这个时期作家们关于人类命运的思考之前，不能忘记神学信仰在他们的心中占据的位置。上帝仿佛一枚硬币，霍布斯和洛克是其正反两面。当霍布斯将自然状态设置得如此动荡不安，以至于不得不"走为上计"的时候，洛克却告诉我们，自然状态并不那么糟糕，自然状态才是人类的本真状态，之所以离开自然状态，是为了实现上帝赋予的万物的价值。

尽管霍布斯强烈地建议走出自然状态，却没有彻底否定自然状态。霍布斯自然状态学说中不经意间透露出的对自然状态的隐秘保留，在洛克笔下则成为一种公开的礼赞。自然状态不仅属于人，而且属于神，神既可以使人过好日子，那么人就不能不思进取，因此才有洛克笔下积极的资产阶级人；然而，神也可以使人境遇糟糕，因而人就不能自暴自弃，利维坦的建立并非是为了人的自我拯救，而不过是为了使人能够在如此糟糕的状态下还有可能感恩上帝。在极端不安定的处境中，上帝隐匿了，唯有通过利维坦，上帝的荣耀才能再度照耀世间，通过利维坦这个有朽的"人间神"，人们终于有可能再度召回被遮蔽的对于上帝的荣耀之情。由此看来，霍布斯的自然状态较之洛克自然状态更为根本，后者不过是前者的派生形式而已。

这个被遗忘的方面，因拉斯莱特在《〈政府论〉导读》中的著名考证而获得了进一步支持。[①] 在人们看来，洛克的神学作为神学中激进主义的代表，它漠视一切规范，颂扬人的自由超过一切，自由神圣是亘古不变的真理；而菲尔麦的神学体系则充满陈旧的习气，它无法解放人，反而鼓励将人送入臣服与束缚中。为了反对不列颠陈腐的政治体系，洛克终于摘下了绅士的面具，与菲尔麦作战。不列颠眼下的命运，不正是这种旧的政治系统坍塌

---

① 拉斯莱特：《政府论》导论，冯克利译，生活·读书·新知三联书店2007年版。

的写照吗？满目疮痍的景象，不禁让思索政治命运的人们暗自心伤。于是，在《政府论》的上册论证了"人人生而平等且由此自由"的命题并批判了菲尔麦的父权是一切王权的根据之后，为了避免"世界上的一切政府都只是强力和暴力的产物，人们生活在一起乃是服从弱肉强食的野兽的法则……从而奠定了永久混乱、祸患、暴动、骚扰和叛乱的基础"，① 洛克便立即着手在罗伯特·菲尔麦爵士的说法之外，寻求另一种关于政府产生、政治权力的起源和用来安排和明确谁享有这种权力的方法的学说。

二

洛克是否成功地建立了一种取代传统政治体系的新的政治体系，这对于《政府论》的所有阅读者来说，是一个必须加以审慎思考和解答的问题。一切新的政府形式的构建必须从自然状态开始，在自然状态中隐藏着政治思想家们建构政治国家的全部秘密。在洛克笔下，自然状态是一个完备无缺的自由状态，人们按照各自认为合适的办法，决定他们的行动和处理他们的财产和人身时，毋需得到任何人的许可或听命于任何人的意志。此外，自然状态也是一种平等的状态，一切权力和管辖权

---

① 洛克：《政府论》（下篇），叶启芳、瞿菊农译，商务印书馆1964年版，第3—4页。

都是相互的，没有一个人享有多于别人的权力。人们生来就享有自然的一切同样的有利条件，能够运用同样的身心能力，那么就应该人人平等。①

在自然状态中，人人所应遵守的自然法起着支配作用，自然法教导着遵从理性的全人类：人们彼此之间平等且独立，任何人不得侵害他人的生命、健康以及与保存其生存相关的任何财产。虽然人具有处理他的人身和财产的无限自由，却没有毁灭自身及其占有物的自由，除非有一种比单纯地保存它来得更高贵地用处要求将它毁灭。此外，既然人人生而平等且自由，那么就必须用相同的自然动机去衡量所有相同的人和物。如果想从别人那里获得更多的帮助和爱，除非自己也如此地对待别人，否则无法期待别人会有同样的给予。在自然状态下，健全的秩序还尚未被破坏，人人都自觉遵从自然法的约束，有能力实践这种自然法的规定，不受其他外在秩序的影响。② 由此看来，自然法必定指向每个人的心灵深处，完备地存在于每个人的精神世界中，从而保证现实秩序的健康有效。自然法的支配是神学世界观的一种典型形式。

然而，自然法的价值却不仅仅是为了保存生命，而是有"比单纯地保存它来得更高贵地用处"。洛克认定：上帝之造世，为的是让这个世界的福利不是减少，而是

---

① 洛克：《政府论》（下篇），第5页。
② 同上书，第7页。

增加。① 对于洛克来说，"最大多数人的最大福利"是自然法的恰当表达。这个功利主义的基本前提强调的不是价值，而是功效、功能。这种对于功能以及实效的强调来源于自然法，因而较之现代的功利主义论述仿佛有更深刻的内涵：自然法并非是实证主义时代的自然规律，而是来源于一种神学的世界观，是神为人的尘世生活颁布的法则。唯有上帝才有如此博大的胸怀和对人类的爱，教导人类爱护自己，唯有全知全能的上帝才有能力爱护他人，能将爱扩大到世间各处，为人类整体带来福利。这并非是出于功能上的要求，而是一种来自较之功能更高的命令，它源自全知全能的神，在上帝创世的开端就已然存在。

财产权以及人的福利因其出自上帝的旨意而有效和正当。暴力侵害他人合法财产不仅是对他人权利的伤害，也是对自己和所有人利益的损害。根本的理由则是：上帝不会自己反对自己，惩罚权因此也是来自上帝对于违反其旨意者的惩罚，目的在于扩大他的神圣的爱，并且自然法才是实施惩罚的唯一根据。惩罚是抵抗不法侵害的唯一途径，它属于自然状态中的每个人，人人都有权惩罚侵犯自然法的人。惩罚的目的是为了纠正和禁止，而并非是报复和残杀，因此"没有绝对或任意的权力，按照感情冲动或放纵不羁的意志来加以处置，而只能根

---

① 洛克：《政府论》（下篇），第18页，第22页。

据冷静的理性和良心的指示,比照他所犯的罪行,对他施以惩处,尽量起到纠正和禁止的作用。"①

然而,从此种惩罚权中,却又派生出两种权利:一种是人人所享有的旨在制止同类罪行而惩罚犯罪行为的权利,另一种只属于受损害一方的要求赔偿的权利。当出于公众福利的要求不执行法律时,法官可以根据职权免除对犯罪行为的惩罚。尽管如此,受害人依然享有以自己的名义提出要求的权利,唯有他自己才有权放弃这种权利。受害人有自卫的权利,有权将罪犯的物品和劳役取为己有。在洛克那里,财产具有完全不可转移性,即便是人们由自然状态进入到了政治社会。惩罚权可以让度,财产权不可让度,而是始终属于财产所有者本人。惩罚权和赔偿权是两种具有完全不同属性的权利。

在洛克的自然状态中,这两种具有完全不同属性的权利奇迹般地共存着。如果说,惩罚权意味着国家的权力,而财产权则属于个体以及个体组成的社会。那么,在公众的福利要求面前,国家的身份是可以退隐的。这就预示着,洛克必然要论说一个有关"国家解体"的话题,在"政治国家"之外,他必须设定一个共同体——"社会"。不仅如此,"社会"优于"国家",洛克首度建立起了"社会"与"国家"的二元对立。

在洛克的《政府论》中,一个人可能有双重身份,

---

① 洛克:《政府论》(下篇),第7页。

既可以是一个社会成员，独立于国家而生活，有自己的追求，另一方面又是作为国家的公民，国家不过是为了实现个体与社会的福利的一种制度建构。国家根本上是不存在的，对于洛克政治学说中的个体来说，作为国家臣民的身份远不及它的社会身份稳定。国家建立在契约基础上，这种约定必须是明确的和实在的，要依据彼此的同意缔结。然而，就是在这个可能带给后世政治国家巨大影响的地方，却蕴涵着同样巨大的危险：社会是某种较国家更高的东西，国家只是作为一种公共服务机构存在，必要的时候甚至可以"保存正义，覆灭国家"。如果人们对国家的感情至浅，不管这种情感上的势弱是因为政治机关操守的败坏，还是因为人们生活得过于良好，一个选择过剩的时代同一个毫无选择的时代同样会让人们丧失对于国家的尊重。前者让人们很快丧失掉对任何事物的兴趣，后者则使得人们心生反抗，播下革命的火种。而一旦国家存在的理由消失，国家的命运也就走到了头。

这确实是一对矛盾，建立国家的理由是因为个体的福利最大化追求，因此，在国家成为福利最大化阻碍的地方，国家便自行消解。经济时代的市场经济学告诉我们，福利最大化无法形成一个稳固的秩序，功能主义在价值上是中立的，它无法为稳定的国家形式奠定基础。因此，在洛克笔下，国家的目的在于提供服务，国家是一个最大的服务商。它不过是作为一个消费的对象，而无法成为价值的生产者。国家无法自行生产，生产的动力来源于自然状态下彼此心怀鬼胎的自然人。

我们不妨将洛克与霍布斯的立场相互比较，霍布斯建立的利维坦并不与自然状态相互矛盾，"权"与"律"之间不存在彼此否定的关系。支配利维坦以及自然状态的都是上帝，有所不同的是，在自然状态中上帝直接地行使着支配权，而在利维坦中，由一个具有神圣性的主权代表上帝行使支配权。在自然状态中，人与上帝具有直接的同一性，而在利维坦中，人必须借助"中介"才能达到与上帝之间的彼此同一。然而，在洛克笔下，并不存在这种"直接同一"和"间接同一"的区分，洛克坚信人能够直接面对上帝，每一个人都能直面上帝，这是一种对于人性的乐观情怀。他因此宣称：在尘世间，任何人或者任何机构都无权凌驾在人的头上，唯有人才是基督的"在世代表"。在这一点上，霍布斯与洛克构成强烈对比，甚至水火不容。尽管贤明的洛克一直不曾公开地反驳霍布斯，但我们禁不住设想，在公开的场合一直保持绅士风度的洛克难保不在私下里被霍布斯激怒：人，而非利维坦，才是基督真正的在世代表。

在人与上帝之间不需要中介，唯有人才是基督的"在世代表"。这就意味着，单凭人自身就能够将基督精神扩展到全人类。赤裸裸的人如何守护上帝的价值？在洛克看来，人类基于自然的平等既明显又不可置疑，它是人类互爱的基础，并在这个基础上确立人们相互之间应有的种种义务，从而引申出正义和仁爱的重要准则。这似乎意味着，人已然拥有了上帝的一切价值，剩下的只有创造。

然而，这种完全自由而且平等的自然状态竟然暗生幽怨，不知从什么时候开始，人的那种天赋理性被遮蔽了，也不知从什么时候开始，人开始失去了上帝的禀赋，变得对他人缺乏爱心，失去了对同伴的同情。又或者，此种问法本身就是错误的，根本不是自然人暗生幽怨，之所以走出自然状态，是因为自然状态中手段有限，缺少合作，因而在对于福利最大化的追求上受到了限制。正确来说，在洛克笔下，从自然状态走向国家，是因为国家能够带来更多的财富，在财富最大化的追求上，国家提供了较之自然状态好得多的环境。自然状态的缺乏不是一种关键缺乏，自然状态不缺乏目的，所缺的仅仅是手段。如此看来，洛克之所以诉诸国家，不过是为了弥补自然状态中尚有不足的手段。在此过程中，人始终作为有理性的类而存在，根本就没有什么非理性。对于洛克而言，"人对于人是狼"这句话简直闻所未闻，他信奉的格言是："人对于人是上帝"。洛克所谓的理性是一种尚未为人的局限性所污染的理性，我们惊奇地发现，洛克以在世生存的人（"绅士"）替代了霍布斯笔下让人内心不安的国家（"利维坦"），撤除了挡在人与上帝之间的所有障碍。

三

在洛克笔下，真正的政治状态始终是自然状态，因而是一种非政治的政治状态，是一个以个体为中心而建立起来的状态。因而，《政府论》最终是以孤独者为理想的。这群孤独者之所以还能彼此团结，是因为上帝命令他"人尽其才""物尽其用"。说到底，这群孤独者是以上帝的名义建设或毁坏，在他们的眼中，政治与非政治之分是幼稚的，国家的必然性从属于自然人的价值创造——他们以上帝的名义创造，进行价值生产，从而实现最大多数人的最大幸福。国家不过是一个生产财富的机器，一旦这台机器锈迹斑斑，难以担当生产财富的重任，就必须被新的建制机器取代。也许在洛克的眼中，不列颠的朽坏的政治体系是一去不复返了，因此，当他说"太初有美洲"的时候，一定是产生了一种对于新的政治建制的向往，但这种新的政治建制不过意味着一个新的"生产空间"。因而，政治性在洛克的眼中肯定与"生产"相提并论。自然状态其实是一个价值生产的合作体，人们因为"生产"而彼此合作，国家不过是一台有组织的"生产机器"。然而，以上帝之名的崇高的价值生产包含颠覆国家的可能性，当国家不再能够满足这种生产需要的时候，人类就重新回到了自然状态，唯有在此才有可能完全聆听上帝的声音。

在洛克身上，我们看到了一种典型的资产阶级幽灵，自然法是一种神圣的、永不衰竭的"生产"冲动,为了实现这一冲动,可以取消一切共同体,必要的时候,鲁滨逊的孤岛生活可以成为生活的最高理想。个体的活动如上帝那般,总是从无中创世,对于已经把握的东西,他永不餍足,因而很难避免损害既有的价值。国家不过是人类价值创造的附带产物,既然如此,我们就可以将之抛弃一边,开始新一轮的生产。为了继续创造,就必须许可此种损失:忘掉过去的价值,价值在于生产,否则就是没有价值,就是违背上帝的命令。在洛克笔下,价值与非价值、神圣与卑俗的价值对立极其明显。贤明的洛克抱着资产阶级的伟大"绅士"必不可少的二元对立的价值观,对于霍布斯的"平民"理想嗤之以鼻。也许,正是带着这种卓尔不群的姿态,在《政府论》中,洛克可以做到对于霍布斯只字不提。

人是价值之源,人对于人是上帝的含义是:一切价值都是生产价值,或者也可以说,一切价值都是消费价值,价值需要不断地生产,或者说在不断的消费中才能产生新的价值。这些现代经济条件下我们熟知的经济学逻辑,早在洛克的学说中便可得一二。在某种意义上,甚至可以说洛克是现代经济学的鼻祖。在这种价值生产的逻辑下:第一,任何事物的意义都只能是在永不停止的价值生产规定的范围内展开;第二,价值生产是无限的,这种无限性从上帝的"无中生有"的创世活动中获得启示,这种对于人的全知全能的看法,是启蒙时代资产阶级人的最强有力的呼声。价值创造以最大多数人的最大幸福作为标尺，这就意味着，尽管它是以上帝的名义，实际上却以人的尘世需求为实际驱动力。这个推动着创造的个体的自然欲求才是真正的"自然状态"神话，它实际上是一种生理学的神话。尘世生活中的个体以其现实需求测量着一切价值生产活动，并且为一切价值生产活动确定目的。如此看来，洛克所谓的自然法不过是一套使得现实欲望正当化的程序。因此，即便在这个由神来支配的自然状态中，神仍然是隐而不显的，神圣的上帝已然为尘世的需要所遮蔽。神可以成为一切价值生产的动机，然而，一切价值生产却必须根据其特定的程序来进行，因此这里就出现了一个形式化了的神，在实际的价值生活中，在价值的实际内容中，神迹全无。

既然追求最大化福利是人的本质规定，那么，人格的"绝对命令"就成为：要这样行动，要使你的行动最大限度地满足你的要求。这一尘世生活的行动法则来自于上帝的命令，既然如此，道德、伦理也就并非共同生活的产物，而是人生而为人就天然降临的。在此，人生而是神，因而"人天性为善"，这就与一切政治学的人类学前提相互违背——"人天性是恶"。自然需求的不满足成为导致人走出自然状态的唯一口实，人之所以具有人格就是他忠诚于自己的自然需求，只要自然需求不满足，他就离真正的人尚有一段距离，就是上帝的弃儿。然而，人们的自然需求本来是生存的基本事实，何必如此坚持和强调？洛克以巨大的胆识和勇气命令人类忠实于自己的自然需求，认为一切群居生活源自于自然需求的实现。然而，贤明的洛克似乎是过于轻视自然界的智慧了，自然界到处是这样的例子，连动物们都不会对食物的缺乏感到绝望，它们有一种能力，于是迈开迁徙的步伐，走向一个新的生活领地。

洛克的行文中充满了内心的骚动，他无力为政治建立根本性的法则，他所试图建构的秩序终将变为泡影，但他的口号却传唱至今。带着对自然需求的强烈渴望，洛克的"自然人"从自然状态中走了出来，迈向国家。如果这种需求得到满足，历史将就此停下脚步。或者，自然人将有权解体政府，重返自然。如此一来，人类生活将充满以生存和所谓自我权利为名的血腥和残杀，这种往返复始、不断循环的混沌状态也将代表着洛克社会历史的终结，从而进入新一轮的自然状态，这一次返回不再是一个幸福的自然状态，而是一个为上帝所抛弃的自然状态。现代世界不正是以洛克的名义塑造了一个又一个的"自然状态"神话么？

人们可能会辩护说，如果不是洛克对个体自由的鼓吹与呼唤，人们如何能够学会主动地拿起手中的榔头？然而，考虑到自然对人性的教育较之人要更为高明一些，这实在不能算作是洛克学说的贡献。他之所以助长自然的气焰，是因为他对自然之物索取太多，虚伪的自由、狂妄的文明人的情怀和毫无宽容之心的知识人，正是自然人的本性。他四面出击，到处寻找工具，将群体的事业当作儿戏，结果复又沦落到深渊中，由于他们缺乏尊重，复又不为人所尊重。所有的创造者都无法获得这样真正的幸福，这就是《政府论》的伟大贡献。

结语

我们不难理解，在不列颠那焦躁不安的动荡时代，一切追求价值的人都无法摆脱无可名状、难以克服的孤独感，在混乱的时期，人性的丑恶显露无疑。所有这些事实揭示了罪性的世界，并且催生了对于离群索居的上帝的渴望，但这并不意味着，人在经受最痛苦的身体孤独和精神孤独的时候最接近上帝。霍布斯对此深有洞察，霍布斯的自然状态中仍然保留着一种神圣的"恐惧"，这种恐惧最终变形为"利维坦"，"利维坦"从而成为尘世的人可资依靠的身体和精神建制。不幸的是，洛克对于现实的绝望却使得他最终产生了一个无比罪恶的念头：以上帝的名义，逃离这个令人悲哀的世界。人与上帝的关系只是一桩个人事务，既然如此，他就以上帝之名自觉地同现实中的血腥和残酷保持距离，从而将上帝变形为一个创世而不拯救的上帝。然而，一种仅仅停留在告诉人们现实之冷酷性的政治学说，除了教导人们抱怨和怨恨，并因此提供逃避的口实之外，还有什么作为呢？

第四章　孤独者的政治学
——评《自然社会》

阅读李猛《自然社会》①这本书时有点像一个长途跋涉的旅人，路途的风景并不总是让你感兴趣，有时候你需要打个盹，有时候你会惊叹那般神奇瑰丽的景象，有时你驻足停留、欣赏，有时你匆匆走过、疲惫不堪……真实的体验就是这样的，这是一本读起来让人头痛，甚至一时间无法把握住主题的书。然而，这种印象在仔细的阅读之后却又被打破，透过表面上繁冗和枯燥的论述，可以看到《自然社会》背后有一条内在的逻辑线索，它展示了近代的政治思想家笔下自然社会的形象。

一

《自然社会》的写法比较奇怪，至少不同于时下流行的写作，它没有通常意义上的导论，也没有通常意义上的结语。尽管从结构上看划分了上、中、下三篇，但

---

① 李猛：《自然社会——自然法与现代道德世界的形成》，生活·读书·新知三联书店 2015 年版。

同一个人物会出现在不同的篇章中，其中又以有关霍布斯的篇幅最大。全书共用 12 个小节讨论霍布斯，占据了全书章节总数的三分之一多，篇幅上也占据全书三分之一多。① 不论这些部分在论述上是否存在重叠，单就篇幅而论，有关霍布斯学说的讨论显然对《自然社会》一书来说是关键性的。有关霍布斯的叙事贯穿在上、中、下三篇，由此也可以看出霍布斯的论题对自然社会这一核心论题的意义。在某种意义上可以说，霍布斯的政治思想的品质决定了自然社会的品质，或者说，通过对霍布斯还原获得的那个社会的形象，应该就是《自然社会》中想要向我们揭示的自然社会的根本形象。

自然社会究竟有何种品质，霍布斯笔下的社会究竟是一副怎样的形象？《自然社会》的导论是一个权当导论的导论，它根本不像是一个导论，而仿佛是一个需要读者努力琢磨才能获得的问题。阅读导论的体验令人愉快，可以说给了一个长途跋涉的旅人一个非常神秘而又美丽的开端。在这里，孤独者的生活成为话题，鲁滨逊在孤岛上的恐惧与孤独成为焦点，成为了一个让人不得不进一步深思的问题，在这里我们读到：

---

① 除专论霍布斯的第 2 章之外（含 6 个小节，第 90—188 页），篇幅稍小的是第 6 章，含 4 个小节（第 385—429 页），尽管这一章的后面部分还讨论了普芬多夫。除此之外，还有第 1 章的第 2 节（第 106—118 页），第 5 章的第 1 节（第 292—328 页）致力于讨论霍布斯。

> 孤独不再是人在世界上迫不得已的处境,而是一种需要特定能力、技艺甚至德性的生活方式。无论在荒岛上,还是在世界中,只有学会孤独的人,才能面对世界上各种看不见的危险,在恐惧中生存下去。①

《自然社会》一方面告诉我们,孤独的生活需要练习,只有学会过孤独的生活,才能面对恐惧;另一方面又说:"这个孤独者的社会,这个即使在荒岛中也无法摆脱的,甚至孤独者内心热切渴望的社会,才是孤独者恐惧最深的根源。孤独者的恐惧正是来自于孤独者想象的社会"②。

或许,孤独者始终需要练习的,是如何面对他者,如何面对社会。这是导论中透露给我们的深刻的话题。在我看来,《自然社会》一书正是围绕着这个深刻的问题而展开,但接下来却是极其枯燥的思想史叙事,在数百页的思想叙事中,叙事者的笔调过于冷静、细致,仅从叙事的笔调中,才能大体窥见现代生活的品质。《自然社会》在阐述鲁滨逊的冒险和漫游生活时说:"这是一种漫游世界的不安分欲望,而不是攫取世界的贪婪欲望,其实质是一种人内在的不安"。③

孤独者的生活是一种内在的不安驱动的生活,尽管《自然社会》也在鲁滨逊的生活中看到了神意的降临,

---

① 李猛:《自然社会》,第7页。
② 同上书,第8页。
③ 同上书,第33页。

但这种神意的降临之所以令他幸福，不在于神告诉他人类的共同生活如何幸福，而相反使孤独者的生活更为孤独，神意的指示和安排成为了不断地运用自身理性的鼓励，"神意的呼声使鲁滨逊警醒地对待自己的生活细节，每一刻都不放松，没有任何时候懒惰"[①]。

这个不像导论的导论因此提供给了我们理解《自然社会》的线索，甚至可以说，自然社会就是鲁滨逊所处的社会，导论中的鲁滨逊不过是现代人的别称，这个鲁滨逊自从在导论中出现之后，就潜伏在霍布斯、洛克、普芬多夫、格劳修斯等早期现代思想家的论说中，有关孤独的话题成为了全书的一条潜在线索。直到全书末尾，才通过一个句子再度浮出水面："每一个鲁滨逊都想要回家，哪怕是为了能够再次出发。只是当自然法已经不再能充当'我们的星与罗盘'时，谁能在荒凉的大海中看见我们日渐远离的陆地"。[②]

《自然社会》因此绝不只是简单的思想史叙事，而是对现代人的命运，这个鲁滨逊式的现代人的生活品质的思想史探索。我们如今都是具有鲁滨逊形象的现代人，孤独和恐惧时常浮现在我们心间，这是现代社会少数思想家告诉我们的事。我们的脚底下是虚无的深渊，我们面对着这深渊时的恐惧感，其实早在荒岛的鲁滨逊那里

---

① 李猛：《自然社会》，第17页。
② 同上书，第484页。

就已经得到了展示。因此，不妨将《自然社会》视为孤独者的一种精神史。就如同鲁滨逊那样，他一方面喜欢闯荡、热爱冒险，过一种动荡的生活，另一方面却又担心自己的安全，对各种危险小心防范，孤独者的精神史是矛盾的。

> 鲁滨逊的历险，往往始于"不安定"的漫游和闯荡，而终于理性的设计和秩序。鲁滨逊令人惊奇地将一种非常理性化的算计与一种极端冲动的历险精神结合在了一起，并赋予这种结合以一种精神救赎的意愿。正是这样一种精神化地结合理性与历险的生活方式，才使鲁滨逊的世界成为了我们的世界。[①]

读完《鲁滨逊漂流记》，人们也许会思考一个问题，这就是，对人类来说，这样的生活究竟是从何处开始？导论第 5 节以家和大海的描述作为结束，讲述的是离开家园，走向未知的和充满危险的大海的鲁滨逊形象。在导论结尾，我们看到，尽管鲁滨逊最后回到伦敦，却完全成了陌生人，离开家之后，回家却变得不再可能，这是荷尔德林《返乡》中重复给我们的一种现代生活意向："鲁滨逊的家，建立在自己的漫游世界中，鲁滨逊在自己的历险中为自己营造了一个孤独者的家，安全、但有

---

① 李猛：《自然社会》，第 35 页。

些荒凉"[①]。

我们从《自然社会》一书中所能看到的,正是这个孤独者如何一步步走出家园,走到一个荒凉的、未知的、充满危险的海域的故事。

二

从思想史上看,鲁滨逊的形象不是一开始就有的。人类不是一开始就过上了孤独的生活,这是后来才发生的事。自然社会是孤独者组成的社会,因此也是后来出现的事情。思想史的叙事告诉我们,甚至一开始,我们谈论的不是社会,而是政治,自然社会并非一开始就存在,我们首先面对的是一个政治社会。然而,离家远航的鲁滨逊总是急于摆脱家园,在远航途中,我们必须同风雨和猛兽斗争,根本无暇回忆,以至于已经不大能说清我们原本的家园究竟是什么样。《自然社会》通过讨论亚里士多德《政治学》(卷一),提供了理解自然政治性的基本线索。熟悉《政治学》的人大概还记得亚里士多德描述的图景,在那里,从家庭开始,到村落,到城邦,共同体有一个自然生长的过程,在家庭中,既有夫妻关系,还有主人和奴隶,更重要的是,这里有"完满的善",这种"完满的善"是一种家园感,在这里包含着某种好

[①] 李猛:《自然社会》,第39页。

生活的成分,"城邦作为共同体,不仅意味着人幸存的可能性,甚至不仅为了让人们能够共同生活,而是使人的幸福生活成为可能,这是城邦作为完备共同体的真正意涵"①。

我们的生活不仅是满足日常所需,不仅是满足物理意义上的需要,我们还要追求好生活,而好生活需要灵魂的关照,因此,在亚里士多德那里,

> 对于政治共同体来说,要建立成员得以共享的生活方式,要么通过教育培养人的灵魂,要么则通过对外在善的奖惩安排来间接地影响人内在的善。亚里士多德承认,教育和德性是培养好的生活最重要的途径。②

在亚里士多德那里呈现出的"好生活",与仅仅满足于物质需要的生活相对,这里有灵魂的关照,其内容是正义与友爱,而

> 无论是就正义,还是友爱来看,人的自然政治性所建立的共同生活,都不只是形式上的结合,或者仅仅为了幸存,甚至实现共同行动而建立起的工具性互助,而是以情感相通和感觉相连为特征,具有丰富的

---

① 李猛:《自然社会》,第53页。
② 同上书,第55页。

实质内容的共同伦理生活。①

因此，在以亚里士多德为代表的古代思想家那里，人的生活世界是伦理的世界，是一个需要以灵魂的教育为中介的伦理世界。在这里，人的身份是伦理共同体的成员，在古代世界，孤独者的生活并未得到提倡，《自然社会》敏锐地注意到，在古代，

> 如果人不是要下降到比政治性动物更低的独居或分散的生活方式的话，孤独，作为真正的生活方式，就只能是人群中罕见的绝不平等者在直观自然秩序时偶尔享有的幸福。把孤独转变为一种平等者普遍的生活方式，是现代政治的最大成果。②

直白一点说，在古代世界，只有哲人的生活方式才可以说是孤独的，也只有这种孤独的生活方式才正当，即便如此，在柏拉图的学说中，哲人也必须直面现实城邦，古代最优良的政体是哲人和民众共同生活的混合政体。

现代世界的孤独者究竟如何出场？要想回答这个问题，需对《自然社会》一书中篇幅最大的有关霍布斯的部分进行分析。亚里士多德为我们描述的"政治动物"

---

① 李猛：《自然社会》，第58页。
② 同上书，第60页。

的形象,在17世纪的思想家霍布斯笔下遭到了深刻质疑,在霍布斯看来,人之所以进入到社会(societas),不过是出于偶然。是偶然的原因将人与人聚集在一起,形成了相互交往状态。在这里,传统的政治性消逝不见了,而代之以社会的概念。社会性而非政治性成为了17世纪以来思想家们津津乐道的话题。在霍布斯看来:"只有在社会中我们才能满足我们的自爱,才能获得超出他人的愉悦"。[1]

真正说来,社会不是人的本然状态,人的本然状态是通过比较和竞争猎取荣誉或声望,建立在人的竞争和比较基础上的社会能否成为人的真正家园?为了回答这个问题,我们就需要深入霍布斯描述的人的形象中去,这个形象出现在《自然社会》第2章有关霍布斯的自然状态学说的分析中。

不同于以亚里士多德为代表的古典政治思想家对人的规定,在那里,灵魂的德性才是思想家们最关注的东西,思想家们关注各种灵魂能力的培养,而在霍布斯这里,对灵魂的关注让位于对身体的关注,"在霍布斯对人性的规定中,并没有'灵魂'这一'活着的形式'的位置,而只有分属身体和心智的力量",更为具体的说,是人的"体力、经验、理性和激情"。[2]《自然社会》注

---

[1] 李猛:《自然社会》,第63页。
[2] 同上书,第108—109页。

意到了人的经验在霍布斯的分析中享有的独特地位,"经验"成为自然状态下人性构成的枢纽。"自然状态下的人,正是凭借其社会生活的经验,预见彼此的行为,从而为确保自身安全进行权衡和采取行动。"① 并且,"经验之所以对自然状态具有构成意义,源于霍布斯的'分析方法',借助这种方法,霍布斯从社会生活中移去了人为的共同权力,但却保留了所有人在这样的权力之下共同生活的经验"。②

对自然人经验的强调,是《自然社会》一书有关霍布斯学说的分析中比较独特的地方,《自然社会》不将自然状态视为一个纯粹理性虚构的社会,也不完全是经验的历史事实,而是"通过对政治社会的理性拆解完成的"。而在有关霍布斯学说的研究中,很少看到这一分析程序。《自然社会》对政治社会理性拆解的结果,呈现了一幅更具体生动的霍布斯笔下的孤独者形象。这样,我们要见到的这个孤独者,就不是一个全无经验的孤独者,这个孤独者有自身对世界的认识,有自身的情感和体验。在这里,"家庭成员之间的关系是潜在平等的和自由的陌生人之间建立的人为关系,建立家庭不过是将陌生人在自然状态下的潜在的敌对关系通过征服与保存转化为一种家庭义务"③,换言之,家庭不过是一种人为

---

① 李猛:《自然社会》,第111页。
② 同上书,第114页。
③ 同上书,第156页。

的关系，家庭不过是陌生人的结合体。与此同时，教会也要解体，其结果是"在人心恐惧与焦虑的深处，斩断历史与传统培育的教权纽带，清除理性建构的政治制度可能面临的'精神'障碍，以便人能从'精神'的自然状态出发，建立与新的政治和道德世界相应的信仰或礼拜秩序。"① 有必要思考的是，一个离开了信仰和宗教的世界，精神的自然状态究竟是什么样子。最后是对法团国家和人民的拆解，这一拆解造成了如下这幅图案，这就是"自然状态意味着一种不受惩罚的暴力与无序"②。

在霍布斯式的自然状态下，不存在任何组织。这是一种无国、无家、没有宗教的状态，恰如亚里士多德描述过的"出族、法外、失去坛火（无家无邦）的人"。这类人在亚里士多德和阿奎那那里，可能是超凡之人或圣徒，但更可能是一个鄙夫，亚里士多德援引诗人荷马的话，将这类人视为"自然的弃物"③。《自然社会》不厌其烦地描述这个自然人的形象及其所处的生活状态，

> 霍布斯否定了古典哲学借助至善这一目的为人生规定的目标和限度，这一丧失了规定性的人生，就成了一场没有目标、没有桂冠的赛跑，不断试图超过下

---

① 李猛：《自然社会》，第163页。
② 同上书，第168页。
③ 亚里士多德：《政治学》，吴寿彭译，商务印书馆1965年版，第10页。

一个前面的人,成为领头者。①

这个无国、无家和失去了坛火的人,有的是一种"永无宁日、至死方休的欲望",他的幸福不过是一种持续的快乐,不在于已经达到的成功,而在于不断地取得成功。这就是漫游中的鲁滨逊的真实体验,鲁滨逊的家园就在他的无止境漂流与闯荡之中。这个人面对的是未来的不确定性,这种不确定性既是自然状态中强烈的不安、恐惧和猜疑的自然根源,也加剧了自然状态中的人的不安、恐惧和猜疑。对这种人来说,唯有对于死亡的恐惧以及由此产生的欲望才能决定这种人的生活。

在《自然社会》中有关霍布斯的分析中,最突出的是有关在自然状态下,人与人之间是如何陷入战争状态的条分缕析,这个无国、无家、失去坛火的人,凭借自身的生活经验,同他者展开生死角逐,在这里,每个人凭借着自己的激情,凭借自己的判断决定自己的行为,其结果导致了人与人之间的永恒冲突。然而,《自然社会》并未提及霍布斯对这场冲突的时间性的强调,按照霍布斯本人的说法,这不是"一两阵暴雨",而是"一连许多天中下雨的倾向"②,霍布斯强调的并非是真正的冲突,而是一种"普遍的战争意向",换言之,由自然人的激情导致的冲突不是具体的,而是普遍的,战争将要一触

---

① 李猛:《自然社会》,第 117 页。
② 霍布斯:《利维坦》,第 94 页。

即发，无法避免。

在《自然社会》中，这个无家、无国，失去坛火的人有一个永恒的敌人，"敌人不是政治社会中人为制度和组织的有形对立面，而是平等者在自然状态的想象空间中'自我认识'的镜像"①。这个分析是正确的，但却模糊。《自然社会》注意到，导致自然状态的，是自然人自身的复杂激情，但却未能向我们清楚地表明，这种自身的复杂激情如何会陷入永恒必然的冲突中，陷入普遍的战争状态中。普遍的战争状态必然要将每个自然人卷入进来，也因此会打破孤独者的生存状态。

《自然社会》将霍布斯笔下自然状态何以成为战争状态的论证，分解为两个部分，其一是可为普通人经验印证的激情的论证，其二是不那么直观的自然权利论证，也就是将自然状态下的人性冲突浓缩在一个从绝对自由出发的自相矛盾的法权概念之中。②这是一个具有强烈黑格尔意味的总结和判断，自然人的绝对自由必然会造成一种普遍的混乱和冲突，或者借助康德的观察，这是一种法权意义上的自相矛盾。③但霍布斯本人并没有做出这样的论证。

无家、无国、失去坛火，并且好战，这是霍布斯笔下自然人的形象，这个形象似乎印证了亚里士多德在《政

---

① 李猛：《自然社会》，第130页。
② 同上书，第137页。
③ 同上书，第140页。

治学》中的论断,"这种在本性上孤独的人物往往成为好战的人。"但亚里士多德还不会构想,一旦每个人都成为这样的孤独者,世界将会成为怎样的。《自然社会》没有忘记时时将这种孤独者的形象同古代世界的人的形象做对比,他将柏拉图《王制》中讲述的高贵谎言同霍布斯讲述的"卑贱的谎言"加以对照,尽管柏拉图也讲述了一个城邦的护卫者无父无母的土生神话,排除了家庭和传统对于人的影响,这在某种意义上同霍布斯本人所说的人不过是"像蘑菇一样从地下冒出来"的说法有同样味道,但柏拉图的真正想法,是想要确立自然的贵族统治,是为了让护卫者更加关心城邦的善恶,而不是他们自己的利益,而在霍布斯这里,这些像蘑菇一样从地下冒出来的人,仿佛是被抛入这个世界的。这是《自然社会》中援引普芬多夫的话总结的自然人形象。①

被抛者的世界是孤独者的世界,《自然社会》告诉我们:

> 人被抛入这个世界,意味着即使自然状态最终会通过自然法权在自由平等的社会成员之间建构一个社会性的道德空间,但这一道德空间却无法具备一种存养人性,使之日生日成的生活方式。②

---

① 李猛:《自然社会》第 8 节。
② 同上书,第 176 页。

孤独的主体是被抛入这个世界的，这个世界对他来说如同浩渺、未知而又充满危险的大海，这个通过自然状态构建起来的道德空间，实际上不是人的世界。这是一个外在于人的世界，在这个世界中，孤独者无所凭靠，这个孤独者面对的是一种"世界的取消"状态。按照《自然社会》中的说法，这是一个"没有世界性的世界"，在这个世界中，人成为了彻底自由和彻底与他人平等的主体，成为了一个赤裸裸、孤零零存在的人，这样的人如何面对他的世界，是否能够走出被抛的状态呢？

三

孤独者如何能走出被抛的世界，这是霍布斯及其追随者思考的一个重大问题。在《自然社会》有关被抛者命运的分析最后，有这样的句子：

> 人在这样一个世界中的跌宕起伏，仍然是由人的被抛处境所规定的。而且在根本上，"被抛"的自然状态是此在替代人的自然本性的现象学特征。"抛"就是此在的存在方式。现代主体的这一存在方式意味着，在一个被抛者们遭遇的世界中，伦理学几乎是不可能的，那个与伦理关系息息相关的政治生活，转变

为以权力安排为焦点的政治制度。①

尽然自然人失去了自身的伦理学，但他们仍然有望过政治的生活。从此，伦理与政治，道德与法律便被截然地区分开来，被抛者的生活注定只能通过政治和法律的方式建立起来，被抛者没有属于自己的伦理学。

我们不妨首先看看霍布斯的自然人如何面对这一人性论困境，《自然社会》第18节对霍布斯的自然法进行了细致分析。在霍布斯那里，自然法是理性发现的"便利的和平条款"，是自然人摆脱自然状态寻求的规范。这一节对霍布斯的自然法的规范分析十分细致，一上来就罗列了18个自然法条款，对这些条款的分析分为两组，其一是根本性的自然法，其二是其他自然法。

所谓根本性的自然法，就是《利维坦》中的前3条自然法，寻求和平、放弃权利和履行信约。但这里遇到的一个问题是，究竟谁能保证这些孤独的、警觉的人放弃自己的权利和信守契约？这是一个难题，在霍布斯那里找不到自然状态的自然人自愿地放弃自己权利的理由，相反，自然人彼此有着一种"合理的猜疑"，这种猜疑妨碍了他们的彼此信任，妨碍了他们基于此种信任缔结稳定的契约，他确立的自然法，在自然状态下无法发挥效力，在自然状态下根本不可能建立稳定的权利义

---

① 李猛：《自然社会》，第177—178页。

务关系。在霍布斯那里，自然法面临的困境是一种源自自然人品质的内在困境，这是自然状态具有的一种无限自由的法权矛盾造成的必然结果，因此，第18节有关霍布斯笔下自然法面临的困境的分析同第6节有关自然状态为什么是战争状态之间的分析之间就存在内在的逻辑关联。这些无家、无国和失去坛火的自然人，无法走出自身的世界，加入同他者组成的世界。因此，就不能指望依靠他们的自愿，依靠他们的内心来摆脱"孤独、贫困、卑污、野蛮和短促"的生活状态。

面对这一自然法的困境，霍布斯的解决方案是将自然法建立在人为国家上面，这就是著名的利维坦："在霍布斯这里，是人为建立的国家，而不是自然法，才真正终止了自然状态"①。

> 在霍布斯的政治哲学中，国家并不是以自然法为基础建立的，相反，倒是自然法在国家或者政治社会的状态下凭借主权才真正成为具有义务约束力的法律。只有当其成为国家或主权者的命令时，才能作为真正的法发挥作用。②

《自然社会》专辟一章分析霍布斯创建的"人为国

---

① 李猛：《自然社会》，第305页。
② 同上书，第327页。

家"。在这一章中,有关原初契约的论证不过重复了第18节中有关自然法困境的分析,由于存在"合理猜疑",根本无法通过使自然人放弃权利、产生义务的信约方式来建立这一权力。① 既然如此,这个人为国家又从何而来呢?

《自然社会》第22节中有关原初契约的分析提供了对这个问题的答案,按照他的说法,国家就建立在霍布斯给我们精心设计的契约结构之上。具体来说,

> 在这个建立国家的原初契约中,尽管一方放弃权利时是以另一方放弃同样的权利为前提,但订约的双方并没有针对彼此放弃任何权利,而是同时针对尚未存在的国家或未来的主权者放弃了一切可以放弃的权利,不再抗拒后者的行动,但他们彼此之间并没有这样的承诺。②

根据《自然社会》中的说法,这个"精心设计的一个契约结构"能够避免之前"先行履约问题带来的合理猜疑",

> 原初契约实质是一次制造使自身的规范性成为可能的权力的法权行为。原初契约的规范性既不先于自

---

① 李猛:《自然社会》,第395页。
② 同上书,第398页。

身（原初契约并不依赖于自然法的义务约束力），也不在建国行为之后（原初契约不能求助于尚未存在的实定法及其惩罚），而是与共同权力一同诞生。①

应该注意到，这个精致的原初契约的结构分析并非来自于霍布斯本人，而是《自然社会》提供给我们的，这个分析并未解释，自然状态之下彼此疑惧的自然人为何会选择服从一个"有待制造的人为第三方"，为何这个第三方不会在自然人之间带来"正当的疑惧"。

《自然社会》认定：

> 在霍布斯的政治哲学中，建立国家的原初契约的意义就在于，将制造权力与形成义务结合在同一组（终止自然权利的）权利让渡行为中，同时构成国家与其道德基础。②

这种同时产生规范性义务与约束性权力的缔约行为，为何在自然状态的基础上得到完成，在《自然社会》中并未得到充分分析。《自然社会》强调退出自然状态，进入人为的政治社会的必然性，并且强调这是现代自然法学派几乎一致的结论。③ 但它却始终没有告诉我们，

---

① 李猛：《自然社会》，第 398 页。
② 同上书，第 400 页。
③ 同上书，第 386 页。

这种人为的国家是否仅仅是出自自然人的意愿，抑或只是以霍布斯为代表的政治思想家们的理性发明。

在笔者看来，《自然社会》在论述从自然状态向人为国家的转换的过程中，忽视了在自然状态之下占据统治地位的那种恐惧，这种恐惧曾经在《自然社会》的导论中得到了分析，这种恐惧曾经迫使孤独的鲁滨逊感觉到了神意的眷顾，这种独特的恐惧原本是道德性产生的来源。可惜的是，这一有关鲁滨逊的分析中令人印象深刻的恐惧激情，却在《自然社会》有关霍布斯的分析中消失不见了。由此导致的后果，是《自然社会》在有关霍布斯的分析中，忽视了恐惧激情在自然状态转向政治社会中所起到的驱动作用。在霍布斯那里，我们得知，恐惧是孤独者的精神世界，恐惧激情并不是一开始就出现在自然人身上，当恐惧支配全体自然人的时候，也正是自然社会终结之时。

忽视恐惧这一特殊激情的结果，导致《自然社会》在有关人为国家的问题上，始终恪守一种制度性和程序性的解释，这就是将人为国家仅仅视为一台机器，一台在建国契约基础上形成的机器：

> 政治的核心问题不是政治生活，而是如何"建立"一台安全可靠的国家机器。甚至对于社会性道德的培养来说，重要的也不是个人心性意义上的养成，而是有赖于政治制度本身对人的塑造，特别是具有威慑性

的惩罚权力对人的外在行为造成的约束效果（以及对人内心法庭中的义务约束力的保障）。[1]

这是对霍布斯的政治哲学的一种流行解释，《自然社会》基于这个解释在第 23—25 节对于政治制度的内在结构及其性质进行了细致讨论。比如，在第 23 节中，基于建国契约和一般意义上的契约的区分解释政治国家和自然国家的差异。[2] 在第 24 节中，由于建国契约的特殊构造，即不只是权利的让渡和赠与，还进一步在缔约双方同未来的主权者之间建立了授权关系，因此，代表不过是建立在建国契约的授权性意义上的代表。[3] 而在对人为国家是否具有绝对权力的解释中，仍然遵循的是建国契约的思路，"从建国作为原初契约的义务和约束力之间的共生关系出发，才能理解主权者具有的一种超出赠与、授权甚至代表的共同权力，而丧失这一权力，将意味着信约的破坏和国家的瓦解"[4]。

《自然社会》在论述从自然状态向人为国家过渡的过程中，最失败的是用一种程序性的契约安排来取代对自然人性格的分析，毕竟人为国家是自然状态下的自然人建立起来的，因此，在人为国家那里，应该体现出自

---

[1] 李猛：《自然社会》，第 146 页。
[2] 同上书，第 405 页。
[3] 同上书，第 411—412 页。
[4] 同上书，第 426 页。

然人的品质和性情。自然人缺失的，在这个自然人建立起来的人为国家中，并不会变得更加丰盈。自然状态中失去希望的自然人，不会因为创建的人为国家而变得更有希望。第23节关注的是自然国家和政治国家的区分问题，这里进一步表明《自然社会》在分析过程中的欠缺和不足，这就是它将按约建立的国家建立在一种心理学的基础之上，具体来说，在政治国家中，人们出于彼此的恐惧选择主权者，而在自然国家中，则臣服于他们恐惧的人。[1]

这本来是一个契机，借此可以进一步理解霍布斯笔下政治国家生长的生理学机制，并且这里还有进一步区分不同的恐惧的契机，这本会导致对霍布斯笔下有关恐惧激情的不同理解，进而注意到恐惧激情在推动自然状态向人为国家的过渡中发挥的作用。但在李猛笔下，恐惧这一独特的心理学要素不过灵光一现，很快被他有关建国契约和一般意义上的契约的差异取代。忽视恐惧这种特殊激情的结果，导致《自然社会》在解释霍布斯笔下的代表概念和主权的绝对性的概念方面多少有些牵强和不足。建国契约显然并非单纯的理性设计，这里的国家毕竟同自然人有不可分割的关联。自然状态不是一个静止状态，甚至并不一开始就是战争状态，在自然状态中人性是不断展开和丰富自身的，随着人性的不断展

---

[1] 李猛：《自然社会》，第403页。

开和丰富,自然状态走向自我瓦解。对霍布斯来说,激情的这种动力学的结构是值得分析的话题。可是,《自然社会》用一种规范的分析完全取代了对激情动力学的分析,使分析过于机械化。尽管在霍布斯那里,利维坦是一台机器,可是这又不简单是一台机器,《自然社会》有关人为国家的分析,显然无视施米特的敏锐判断,这就是利维坦是一个集神、人、动物和机器为一体的多义形象。

人为国家是否可以作为孤独的自然人的出路,这个问题直到有关霍布斯分析的末尾,也就是第25节才出现。按照《自然社会》提供的独特的建国契约的设计,主权者当然是获得了建国契约授权的个体,这是一个人格性的代表。但这个人格性代表同时承担了一种公共的人格,充当自然人的财产和安全的保障者。由于主权者同时具备公共人格和自然人格,就会存在一种危险,"与政治人格或者说公共人格联系在一起的理性,始终没有与自然人格联系在一起的自然激情强烈"。由此导致的结果是,对霍布斯的人造国家而言,自建立伊始就埋藏了"自然死亡的诸多种子",这个具有自然人格的主权者,可能会在自然激情的引导下滥用权利,最终导致洛克意义上的革命,导致人为国家的解体,成为这部机器必死的病因。[①]

---

① 在此,3处引文均引自《自然社会》第428—429页。

霍布斯笔下的孤独的自然人注定没有出路,《自然社会》中对此有一个非常诗性的说法,也是全书中罕有的诗性说法中的一个:"自然状态的阴影,化身为绝对主义的雾霾,在意识形态上或许会引发不同的反应,但其根源却是现代人为国家难以彻底证成的合法性问题"[①]。

在《自然社会》看来,导致自然人没有出路,或者说导致现代人为国家难以彻底获得证成的,是主权者的自然人格与公共人格之间可能存在的矛盾。如果主权者能将自然人格和公共人格协调起来,孤独的自然人就有了希望,现代的人为国家也就不再存在合法性问题。在《自然社会》看来,这是由建国契约导致的问题,《自然社会》从一开始就没有回答,为何建国契约中的第三者值得信赖,究竟是什么推动了彼此疑惧的自然人相信这个第三者,自然人对第三者的怀疑不会比对另一个自然人的怀疑更弱,因为第三者也是自然人。《自然社会》原本可以追问,究竟是什么推动自然人停止争斗、缔结契约,可以设想的是,只有当自然人不愿意过孤独的生活,他们才愿意同他人一道进入共同生活。这是《自然社会》有关霍布斯的分析带给我们的最大疑惑。

---

① 李猛:《自然社会》,第427页。

四

或许,孤独者的前提是错误的,人一开始所处的就不是孤独者的世界,而是和他人共处一个世界。如果一开始揭示的不是孤独者的命运,那么,兴许就不会遇到孤独者面临的种种难题。《自然社会》在论述霍布斯之后,向我们揭示了一条可以替代的道路。有关格劳秀斯和普芬多夫的描述似乎展示了一条不同于霍布斯的道路,在他们那里,孤独者的形象似乎不存在,或者至少是弱化了。这似乎是自然社会的另一种思路,是走出古典城邦之后,现代人的另一种生活方式,这就是,不是从孤独的人出发,而是从自然的社会性出发,构想一个美好的社会。

在《自然社会》中,格劳秀斯是在霍布斯之后首次出场的近代政治思想家,如果我们将第4章第15节和第16节的相关讨论视为背景,整个第4章可以说是有关格劳秀斯的讨论。第3节强调了格劳秀斯的问题意识,即自我保存式的自爱如何能最终成为建立社会性的根本前提。格劳秀斯借助斯多葛学派的"属己"概念,阐明了一种全新的社会性概念,在这个新的社会性概念中,对自己的关切和对他人的关切联系在了一起。但是,这种社会性似乎只是表象而已,因为这里对他人的关切建立在对自己关切的基础之上,其中存在的难题早在斯多葛学派面临的困境中就已经体现出来:

> 一个人如何能够完成"属己"的扩充,把一种自然的自爱冲动转变为一种包含"理性"、关涉他人的情感,从而能将他人视为对自我有用的、切身属己的,作为个体自然的一部分……①

《自然社会》没有告诉我们,格劳秀斯是否摆脱了难题,只是说他在自爱与社会性关切之间建立关联的方式,同斯多葛学派的属己概念多有相似,尽管存在差异,具体来说,"格劳秀斯更多是借助物的中介作用,通过自然法权(及正当理性)的概念,建立自我保存与社会关切之间的联系"。② 因此,对格劳秀斯是否摆脱了上述难题的回答,还要借助于对他的自然法权的分析。

格劳秀斯的自然法权概念实质上是一种新的权利语言:"在格劳秀斯看来,严格意义上的'法权',即主体权利意义上的法权,也就是通常法学家所谓'自己'"。③

对格劳秀斯来说,问题仍然是,他发现的社会性是否真的能摆脱孤独者的命运,是否有可能在这个主体法权的基础上确立一种义务和秩序?有关阿奎那和苏亚雷斯的自然法学说的总结和梳理提供了一个背景,因为在阿奎那和苏亚雷斯那里,神圣意志仍然是自然法的规范

---

① 李猛:《自然社会》,第78页。
② 同上书,第85页。
③ 同上书,第252页。

性和约束力的源泉。① 在神圣意志的关照下,人的自爱及其社会性的结合显然不存在问题,但如果神圣意志不存在,人的自爱和社会性的结合又如何可能呢?这正是格劳秀斯面临的问题。

《自然社会》明确在"哪怕……上帝不存在,也不关心人的事务"的情形下,讨论格劳秀斯笔下人的自爱与社会性的结合问题,

> 在格劳秀斯这里,并没有像在托马斯或瓦斯奎兹那里,仅仅借助自然正当关系来建立"宽泛意义上的法权",而是力图将主体权利意义上的法权,经自爱社会性概念的阐明,发展成为一种严格意义上的自然法。②

> 在社会性关系中,从可能遭受侵犯的个体的主体权利中就可以找到义务约束的源泉,在这个意义上,社会不过是个体的主体性自然权利与他人相应的义务编织起来的一个关联网络。③

如此就产生了一个难题,这里所谓主体性的自然权

---

① 在《自然社会》看来,托马斯的自然法不同于苏亚雷斯的自然法的最大区别就在于,前者仅仅看到了法的规范性,后者则同时注意到了法的约束性,法的约束性是义务的真正来源,参见第271页。
② 李猛:《自然社会》,第285页。
③ 同上书,第287页。

利，不过是霍布斯笔下孤独的自然人的权利，仅仅凭借这种权利，如何可以得出对他者的关切？

自然法与道德的规则是否能在独立于上帝意志的情形下强加一种遵守规则的必然性，这是巴比拉克在《战争与和平的法权》的注释中提出的著名疑问。人的自然激情较之自然法的尺度和规则来说有更强大的力量，因此，仅凭人的自爱，不足以使人意识到有对他人关切的必要。[①]《自然社会》追随了巴比拉克对于格劳秀斯的质疑，"如果自主的现代个体，继承了上帝作为立法者的意志，自己成为自己的立法者，在何种意义上道德义务仍然是可能的呢？"[②] 在康德将这种自主发展成为一种实践理性的自律之前，这个自主的现代个体必将长久地承受一种孤独者的命运。由此看来，在《自然社会》有关格劳秀斯的论述中，仍然潜藏着一个鲁滨逊式的孤独者。

《自然社会》一书好几处都谈论普芬多夫，这个讨论从第3章开始。[③] 我们需要将这些部分组合起来，看一看它呈现给我们的是一幅怎样的普芬多夫形象。在《自然社会》看来，普芬多夫的贡献在于，"力图通过吸纳格劳秀斯的社会性概念，中和霍布斯的极端色彩，使自然状态和自然权利的学说呈现温和的面貌"，具体地说，

---

① 李猛：《自然社会》，第284页。
② 同上书，第290页。
③ 除第3章有3节讨论普芬多夫之外，第5章中的1节（第19节），第6章中的2节（第26—27节）也讨论普芬多夫。

是将自然状态概念纳入到自然法的学科架构中。[①] 普芬多夫的自然状态相较霍布斯少了一些残酷的冲突味道,他强调,自然状态中的人性来源于神的馈赠,这一馈赠在霍布斯笔下付诸阙如。尽管在普芬多夫这里,自然人在一出生时也是孤独的,却不像霍布斯笔下的自然状态那般卑污和野蛮,不同于霍布斯笔下有关自然状态和政治国家的二元划分,普芬多夫将自然状态的"野蛮"生活方式,改造为"前文明的自然状态",也就是政治国家的对立面,在这里,前文明的自然状态显然与前政治的自然状态不同。改造的结果,"不仅为自然状态的历史化提供了可能,也为一个与'政治社会'不同的'文明社会'或'市民社会'概念的出现提供了可能。"这样就"在人性本身和政治社会之间打入了一个楔子,凭空建构出了一个具有道德义务和自然法权的社会性的空间。"[②] 不仅如此,普芬多夫构建的自然状态不是一种绝对的自由状态,而是一种"受自然法义务约束的有限自由状态"。[③]

有关自然状态是一个受自然法支配的状态的论述,要到第19节才出现,在这个部分中展示了普芬多夫想要将自然法确立为一门科学的努力。在这里,普芬多夫发现了人的意志,正是人的意志,才使人以某种不同于

[①] 李猛:《自然社会》,第190页。
[②] 同上书,第207页。
[③] 同上书,第203页。

物理存在的机械运动的方式来行动,使人的行为具有善恶的道德属性,从而使人的自然状态成为受法律约束的道德状态。在《自然社会》看来:"人的意志能力,使普芬多夫阐述的道德得以超越自然必然性的束缚,通过自然法的赋予建立道德义务"。①

正是在这种意志基础上,普芬多夫强调了道德行动的"可归责性","确立了主体能力与道德规范(法律)在道德科学中的紧密关联,从而将道德行动与自然事件明确区分开来"。② 在普芬多夫的自然状态中,真正重要的是人的道德品质,而不是人的自然品质,甚至人的自然状态"并不是这样一种完全出于人的本质的物理原则的状态,而是'来自神意的赋予',实际上是一种道德状态"③。

正是在人的意志这一独特的发现基础上,普芬多夫找到将自然法科学化的线索。他不再像格劳秀斯那样,从单纯的自爱出发推导社会性,而是要将社会性的概念奠定在意志基础之上。可惜的是,《自然社会》对这一社会性概念的新基础却并未进一步地加以审查,而仅仅强调,普芬多夫将"自爱与社会性结合在了自然法对自我保存的理性要求中,使自我保存不再仅仅是一种个体的自然本能,甚至不仅仅是一种主体性的自然权利,而

---

① 李猛:《自然社会》,第338页。
② 同上书,第340页。
③ 同上书,第341页,参见第343—344页。

成为社会意涵的道德要求。"① 对普芬多夫笔下的根本自然法,也就是"必须在意志上想要与那些和他相似的人联合起来",《自然社会》并未充分地进行分析,它没有告诉我们,从意志的基础出发为何个体可以超越自身。

尽管《自然社会》竭力地想要区别出普芬多夫和霍布斯面对信约危机时的态度,想要凭借荣誉感、羞耻心或人的谦逊这样一些特定的人的性情倾向制约霍布斯的理性猜疑学说对自然法的冲击,但这些人的特定性情是否可以彻底避免自然法的危机,却是一个问题。为了保证人的意志的道德性,普芬多夫不得不诉诸宗教,但宗教和良知是否可以有效地拘束人的意志,使之成为道德的意志却大有疑问。《自然社会》并没有分析,在普芬多夫对人的意志的诉诸和对宗教的诉诸之间是否存在矛盾,尽管在普芬多夫那里,意志是上帝在人的灵魂中植入的,但人类意志具有的"自由规定性"是否会将人的行为引向人的道德,并未得到充分说明。既然如此,就无法确保人对于他者的义务,普芬多夫的社会性的概念因此也就无法牢固地建立起来。

尽管从表面上看,在普芬多夫那里,并不存在孤独者的形象,但孤独者却如同幽灵一般飘荡在普芬多夫的学说中,《自然社会》对此并未警觉。孤独者的形象出现在人出生之时,普芬多夫所设想的自然状态,就是人

---

① 李猛:《自然社会》,第349页。

一生下来就处在其中的状态，在这里没有他者的协助，也没有任何人类发明，人完全凭靠自然能力决定。《自然社会》并没有分析，在这个自然人身上，那种道德性的意志如何得到表现，因为在这里，"没有受到神意的任何特殊关切"。[①] 离开了道德的上帝，这个孤独者凭靠什么进入到一种社会性的状态，凭靠什么进入到道德的自然状态？没有这种凭靠，拥有意志的孤独者就仍然处在自然状态之中。

第 5 章有关普芬多夫的论述的结尾，提到了一个重要的问题，这个拥有意志的孤独的自然人如何才能建立对上帝的服从？

在普芬多夫笔下，意志自身还不能提供永恒的法则，拥有意志的个体并未成为一个道德个体，意志不能成为道德世界的基础。日后康德在其实践哲学中，将意志区分为一种任性的意志和单纯的意志，而将任性的意志称为一种病理学意义上的意志，在这种意志的基础之上，无法得出有关社会性的概念，也根本产生不了道德性。于是，在普芬多夫那里，有关自然法权的社会性规定"只是在原则上要求组成社会的人要相互信任，并且彻底否认霍布斯的'正当恐惧'的理由。"[②]

人的道德意志具有脆弱性，无法保证神意对人世的

---

① 李猛：《自然社会》，第 198 页。
② 同上书，第 354 页。

关照，这就导致了，即便在普芬多夫那里，也不得不依赖于国家，依赖一种政治制度，才能保证人的意志的道德性。[①] 这就再度退回到了霍布斯的基础上，"普芬多夫在这里提出的理由，与霍布斯论证自然法无法靠对上帝的恐惧或良知来有效地约束自然状态下的人们的理由，没有什么两样"[②]。

不仅如此，"仔细考察普芬多夫的理由会发现，实际上他赋予社会契约的规范基础并没有超出霍布斯在论证自然法的假设性给出的权衡理解。两者在契约的规范基础上的分析，更多是修辞性的，而非原则性的"。[③]

普芬多夫无法接受霍布斯的绝对意义上的主权，他意识到了在霍布斯那里面临的绝对国家的危险。不同于霍布斯一次性的建国的根本契约，普芬多夫发明了一个双重契约的结构：第一个契约是确立政治统治的契约，经过这个契约，结束了自然状态；第二个契约是建立政府的契约，自然人可以选择自身心仪的具有充分的公共人格的政府。

普芬多夫与霍布斯有关建国契约之间的根本区别在于第二个契约，在霍布斯那里，自然人进入到政治状态通过根本的建国契约一次性达成，他们选择放弃自然权利，建立君主政体。而在普芬多夫这里，自然人进入到

---

① 李猛：《自然社会》，第357页。
② 同上。
③ 同上书，第432页。

政治社会之后，有权选择自己心仪的政体，第一次缔约行为，没有将所有人一次性地带入到政治社会之中，而是"至少使某些个体保留了退出这一'政治社会的雏形'，继续享有其自然自由的权利"①。

> 在普芬多夫的两个契约的缝隙之间现身的这个"集体"，由此具有了一种相对于主权者的治权而言的更为基本的"制宪"权力，完全可能成为未来对抗现行政府权力的理论基点。②

普芬多夫的双重契约结构并未从根本上改善人为国家的命运，人为国家始终面临解体风险，这是日后洛克著名的用社会反对政治国家的理论的前身。这些保留退出权利的个体正如在霍布斯笔下享有主权权利的自然人，他们是自然状态下的孤独的幽灵。这些孤独的幽灵没有因为国家的出现而消失，相反，它们始终生存在国家的缝隙里面，时刻危及到国家的生存。可惜的是，在《自然社会》一书中，潜藏在格劳秀斯和普芬多夫笔下的孤独者的形象并未得到充分揭示，从而使有关格劳秀斯和普芬多夫的论述不能够充分显示导论中的鲁滨逊的形象。尽管普芬多夫对霍布斯笔下的孤独者感到不满，但他却无法摆脱这个幽灵一般的孤独者。格劳秀斯和普

---

① 李猛：《自然社会》，第433页。
② 同上书，第435页。

芬多夫有关社会性的论证不过是一桩神话而已,这是孤独者的美丽斗篷,在社会性的华丽外表里头是孤独者的灵魂。

五

《自然社会》的副题是"自然法与现代道德世界的形成",在这本书中,围绕着主题展开的是对于政治思想史上的几位重要思想家的分析,分别是霍布斯(共12节)、格劳秀斯(共4节)、普芬多夫(共6节)、洛克(共5节),剩下的是讨论亚里士多德、托马斯·阿奎那和苏亚雷斯的三节(分别是第1节,第15节和第16节,但也可以将第15—16节视为讨论格劳秀斯的一部分)。这样,看似散乱的章节其实有内在的逻辑,我们可以看到一条从霍布斯开始,进而到格劳秀斯,最终到普芬多夫的逻辑路程,这一线索到洛克那里戛然而止。有关洛克的分析也是《自然社会》中篇幅较大的一部分,全书共有5节讨论洛克命题(第5章的第20—21节,以及第7章的第28—30节)。

洛克首次出场是在讲述普芬多夫将自然法科学化的努力之后,他以怀疑者的身份出场。普芬多夫将自然法奠定在神圣意志可知性的基础之上,认为人的理智能够认识自然法,与之不同,洛克从认识论的角度出发提出了对自然法可知性的质疑。但他对自然法的科学根基的质疑,没有对他运用自然法的道德原则构成障碍。《自然社会》注意到,在《政府论》中,自然法自始至终发挥了重要作用,但始终不曾对自然法的问题进行系统分析,仿佛其根据并无疑问。洛克在自然法问题上的沉默意味着什么?这是值得讨论的问题,《自然社会》对此的解释显得牵强,他说,这是洛克"有意回避","直观地表明了自然法哲学在现代政治思想中面临的尴尬处境"。①

《自然社会》没有告诉我们为什么洛克有意回避有关自然法的问题,但它有关自然法执行权的讨论,为此问题提供了启示或答案。在洛克那里,自然法的执行权是奇怪的说法,因为一方面,自然法的执行权意味着自然状态下个人拥有的自然权利,另一方面,这不仅是个体的自然权利,还意味着一种"旨在全人类的和平和保存的"自然法。自然法的执行权将自然权利与自然法结合起来,仿佛两者之间不存在冲突和矛盾,但两者的和谐不过是假象:

> 唯一能使自然法执行权这项自然权利不至于导致一切人对一切人的审判和战争的,只有自然法自身的理性规定,而自然法的尺度在多大程度上可以约束人的偏私和残酷,其实取决于自然法本身对每个人的义

---

① 李猛:《自然社会》,第373页。

务能否让"冷静的理性和启示的指示"控制或约束"冲动的热情或自身意志的张狂"。①

《政府论》一方面强调对自然法的运用，另一方面则对自然法问题保持缄默，根本原因在于，在洛克看来，这些问题无法回答。他之所以悬置有关自然法的问题，是因为他承认，尽管从理性的角度出发，自然法应受质疑，但从人的日常生活感觉出发，自然法的存在没有问题，它与人的感觉同在，《自然社会》明确注意到，"从《政府论》对现代政治思想的巨大影响来看，在现代哲学有机会判定自然法的哲学原则成功或失败之前，自然法已经在政治上提前庆祝了她的'凯旋'"②。

按照后来康德笔下著名的理论理性和实践理性的两分，洛克对自然法的怀疑仅仅是出于理论理性，而他对于自然法的肯定则是建立在实践理性方面，也就是自然法执行权的方面。

洛克的真实想法，是要将自然法奠定在自然人的感觉之上："感觉，而非传统或者天生的实践原则，才是自然法可知的真正本原"③。

这种建立在自然人感觉之上的自然法，就如同休谟

---

① 李猛：《自然社会》，第377页。
② 同上书，第374页。
③ 同上书，第363页。

建立在感觉之上的因果律一样，必定会使自然法成为一种习惯性的联想，而失去其科学根基。直到康德一方面为因果律奠定基础，另一方面为自然法奠定基础，方才建立起现代形而上学和道德哲学的真正基础。但《自然社会》没有分析这种从感觉出发的推理是否可能，也没有分析这种基于感觉的自然法对生活在自然状态中的人来说意味着什么。可以想象的是，在自然状态中这种感觉必定是个体的感觉，是孤独者的感觉，问题仅仅在于，从这些孤独者的感觉中，如何推导出指引他们行为的道德原则？如果说，在洛克那里，自然法仅仅是建立在个体感觉之上的自然法，与个体的自然权利纠缠不清，那么，自然法的凯旋也就意味着拥有自然权利个体的凯旋，意味着那个孤独者的凯旋。这个孤独者具有巨大的破坏力，他怀疑一切，其行动异常坚定，他坚决地反对他怀疑的一切。在洛克那里，自然法的破坏力量大于建设，孤独者在此似乎丧失了对走出孤独的信心，他充满怨恨地看待周边的一切。由此可见，在《政府论》中，建立在自然人感觉上的自然法具有巨大的破坏性。

在霍布斯和普芬多夫那里，政府是自然法生效的前提或补充条件，政府作为积极的条件出现在他们笔下，尽管具有一定的危险性。与之不同，在洛克那里，政府成为了缔结契约的人民的对手和敌人。洛克清楚地意识到，"在政治的实际运转中，执行权是政府的可见形式，没有执行权的有效运作，甚至人民都不再是有效的集体了"①。

但他也意识到,执行权具有一种法律外的"专权",这种专权在某种意义上不可或缺:"只有借助这种权力,政府才能在那些不可预见的,但却与公众有关的'偶然事故和紧急事态'做出反应"②。

这一在现代政治中不可或缺的权力,在洛克看来恰恰最危险。专权必然导致权力膨胀,"隐蔽地发展成为'绝对、恣意、无限也不可受限制的权力'"③。正是对最高执行权的掌握者也就是君主滥用这种专权的疑惧,成为在洛克那里政府解体和发生人民革命的主要原因。

政府在洛克笔下成为了人民的敌人,在洛克看来,政府不过是基于人民的信托产生。《自然社会》在讲述了对政府的疑惧之后,接下来讲述的是有关财产、信托与人民权力的主题。在《自然社会》中,人民的概念首次在有关普芬多夫的分析中出场,在那里,人民是在两个契约的缝隙之间现身的集体④,在那里,人民享有选择自己钟情的政体的权利。正是在此基础上,洛克进一步提出,人民是最高权力的享有者,更具体地说,这是一种限制政府的共同体权力,政府是基于人民的信托而产生的,这就有别于从契约的角度来界定政府,因为:

---

① 李猛:《自然社会》,第 448 页。
② 同上书,第 450 页。
③ 同上书,第 454 页。
④ 同上书,第 435 页。

> 在信托关系中，受托方并没有直接建立与委托方的契约关系，它对后者承担的是单边义务，保证维护受益方的权利不受任何他人的侵犯，在信托关系中，并不强调受托方自身的权利。①

这就意味着，政府作为受托方只能基于委托方的利益而行动，否则，政府的行动便不合法，人民随时有权撤销对政府的委托，这就在根本上改变了政府同人民的关系。基于信托原理产生的政府，没有任何根据超出人民利益而行动。

信托概念的出现，意味着在政府和人民之间存在一种财产关系，这种财产关系来源于洛克笔下人民概念的财产属性。人民是基于财产关系结成的共同体，这个共同体从根本上讲是财产所有者的共同体，对此《自然社会》看得清楚，

> 从信托关系的角度来理解人民与统治者的关系，明确了统治者运用给人民授权的权力需要服务的所谓的"公共的善"的真正性质：这种所谓的公共的善，不过是在相互保证的条件下稳定、安全地享有财产。这种"公共的善"本质上的私人性质，并没有因为财

---

① 李猛：《自然社会》，第464页。

产意涵的扩大而有所改变。①

因此,构成人民的个体不是一般意义上的个体,而是具有财产规定性的个体,更具体地说,是遵循"人尽其才、物尽其用"的上帝旨意的自然人,这群自然人将对上帝的信奉转化为一种生产和创造冲动,恰如孤岛生活的鲁滨逊将"神意的呼声"转化为对自身理性的勤劳的激励一样,只有那些理性的和勤劳的个体,才能成为人民共同体的一员。这些个体最关心的自然权利当然首先是自身的所有权,这里的所有权不是狭义上的财产权,而包括自己的生命、自由和财产。因此,真正来说,在洛克那里,人民就是不断地通过劳动创造财富的人,这样的人当然是理性的,甚至是保守的,这或许可以解释为何在洛克笔下,人民的叙事根本上不同于此前对人民的贬抑性政治思想叙事。②

人民不过是财产所有者,对于洛克政治哲学的基础的这一还原,揭示了一幅孤独者的形象,尽管对此《自然社会》并未言明。《自然社会》只是注意到,在洛克那里,人与人之间的关系是"个体性的""没有引导人的生活的集体性力量"。这个结论既反映在有关自然法执行权的论述中,也出现在有关革命的论述中,革命意味着政府的解体,意味着人民再度回到了一个由财产关系

---

① 李猛:《自然社会》,第469页。
② 同上书,参见第474页及其以下部分。

组成的社会状态。支撑洛克做出这一论断的仍然是他勾画的自然人的形象,他相信,劳动的个体"可以在没有政治权力的状态下,独自通过其自由的劳动,建立你的和我的区分,从而建立所有权"。[①] 因此,真正为洛克的自然法哲学奠基的是那些"勤劳和有理性的人",这些"尽管不见得有洞见几微的智慧,但却'具有理性造物的感觉,能就他们所见所感的事情进行思考'"。[②] 也就是说,在他看来,自然人也就是人民的感觉是可信赖的,"勤劳和有理性的人"本性保守,因为他们的使命是劳动,是创造财富,他所谓的基于感觉构建自然法,不过是基于劳动者或财富创造者的感觉构建自然法。因此,他的自然法就是这群劳动者的自然法,也因此,在洛克看来,这种自然法决不会是激进的,他们仅仅针对的是侵犯他们的财产权的政府,革命作为一种暴力,目的也不是为了夺取政权,而是为了恢复和平享有财产的生活方式。然而,《自然社会》没有告诉我们,为什么这群生活在自然状态中的"勤劳和有理性的人"要选择政府,既然他们可以凭借着理性的感觉来和平的生活,既然财产关系是一种温和的、有节制的、保守的关系,并不会时时爆发革命。《自然社会》没有进一步地分析和解答,在洛克那里,革命释放出来的暴力,是否可以在现实中完

---

① 李猛:《自然社会》,第480页。
② 同上书,第475页。

成道德秩序和政治制度的彻底重构？于是，我们就不禁追问，在《自然社会》中，这群孤独者的但却也是勤劳的自然人，是否足以凭靠自身的感觉摆脱这种孤独？在洛克分析的末尾，孤独者的形象再度出场，似乎已经预设着孤独者无法摆脱自己孤独的宿命。

无论怎样，在繁冗分析的背后，《自然社会》展示了一条自然社会的线索，一个有关孤独者生活的线索。霍布斯笔下的自然人最终无法走出自然状态，洛克指出的革命危险其实早已蕴含在霍布斯的人为国家中。革命的危险无法消除，不是因为无法设计出完善的建国契约，而是在于孤独的自然人的激情生活。现代政治仍然需要进入到自然人的爱欲生活中探查一番。《自然社会》最失败的地方，便是放弃了对孤独者爱欲的分析，而进入到一个规范分析的世界。规范分析取代了爱欲分析，这是《自然社会》在逻辑演进的过程中的根本缺陷，也是导致我们无法从导论进入到正文部分的最深刻原因。《自然社会》没有告诉我们，洛克笔下的自然人究竟有着怎样的爱欲，而我们透过它给出的材料，倒是可以看出一个充满怨恨的自然人形象，这个自然人究竟凭靠什么建立了政府，又凭靠什么推翻了政府，既然自然状态下的生活是"和平、善意、互助和保存"的生活，那么，他们究竟是基于怎样的不满结束了这种生活，进入到政治状态，又是基于怎样的不满，结束政治状态。《自然社会》并没有比较造成他们两度离开的不满，但是，有关爱欲的常识却告诉我们，唯有一个对周遭一切充满怨恨的人，才一而再再而三地不满于他所处的生活现实。

结语

《自然社会》以自然状态开始，又以返回自然状态结束，孤独的鲁滨逊是否还能返回家园，《自然社会》对此充满疑虑，这可以通过第30节的疑问式标题看出，也可以通过第30节末尾的那段疑问句看出。《自然社会》的末尾处说，每一个鲁滨逊都想要回家，可一旦自然法不再充当"我们的星与罗盘"，谁能在荒凉的大海中看见日渐远离的陆地？这句带有强烈感情的句子表明，《自然社会》还有一种想要借助自然法脱离孤独者困境的希望。《自然社会》似乎是在缅怀曾经的自然法传统，追忆自然法这一"我们的星与罗盘"，而并没有充分地意识到，自然法不过是孤独者的精神史的一个部分，是孤独者徒劳地摆脱孤独的挣扎。自然法无法成为孤独者摆脱孤独的凭靠，即便它还有望能够充当"我们的星与罗盘"，但孤独者还是将要迷失在危险而孤独的洋面。

我们都是鲁滨逊的后代，都有一副鲁滨逊的形象，《自然社会》的思想史叙事启发我们，我们的孤独来自于何处，又将终于何处，不过，这种讲述不是像笛福那样，通过文学化的笔调展示给我们，而是通过政治思想史的梳理给我们看。这个过程自然枯燥乏味，因为现代人的生活世界的品质就是这般的枯燥乏味。当我读完《自然社会》,将书合拢之际,突然注意到的封面和封底上的两幅出自马奈之手的画作,如今的著作家并不在乎封面的设计与内文的关联,可是这里的封面却提醒我们,现代世界就如同这渺远、孤寂的海洋,我们不过是漂浮在危险洋面上的小船,那驶离港口的船只如同幽灵附体,船上挂着凝滞的帆,它们要驶向一个不知道目的地的地方……

下 编
走出激情的世界

第五章　论作为审美状态的自然状态
——读《论人与人之间不平等的起因和基础》

问题

在对于自然状态的考察中,卢梭最终得出了如下结论:

> 他们飘荡在森林中,没有产业、没有语言、没有住所、没有战争、彼此间也没有任何联系,对于同类既无所需求,也无加害他人的欲望,甚至也许从来不能辨认个体性的野蛮人。他们很少有情欲、自给自足,仅有适合于这种状态的情感和理智。他感觉到的仅仅是他自己的真正需要,所注意的只限于他认为自己有兴趣一看的东西,而且他的理智并不会比他的虚荣带来更多的进步。即使他偶尔有所发现,也不能将其传达给他人,因为他甚至连自己的子女都不认识。技术随着发明者的死亡而消灭。在这里,既无所谓教育,也无所谓进步,一代一代毫无进益地繁衍下去,每一代都从同样的起点开始。许多世纪都在原始时代的极

其粗野的状态中度了过去；人类已经古老了，但人始终还是幼稚的。[1]

这段话凝练地揭示了"自然状态"中人类的生存情况。但为什么卢梭要如此来描述自然状态中人的生存方式？《论人与人之间不平等的起因和基础》的序言中说：

> 只要我们对自然人完全不了解，那么确定什么是他所接受的法，或确定什么法最符合他的构造，实际上都是徒劳。关于这种法，我们能清楚地了解的是，为了使之成为法，受这种法所约束的那个人的意志就不仅要能够在认识它的情形下服从它，而且，为了使之成为自然的法，它也必须直接由自然的声音表达出来。[2]

自然状态是人类最初的生活特征，自然人是人类的始祖，他们直接倾听自然的声音，运用从自然那里获得的全部资产，借此使人类作为一个类存在与其他动物区

---

[1] 卢梭：《论人与人之间不平等的起因和基础》，李平沤译，商务印书馆2015年版，第82—83页。引文页码据李平沤译本标出。译文参考卢梭：《论人类不平等的起源和基础》（高煜译，高毅校，广西师范大学出版社2009年第2版），英文版《卢梭全集》主编Roger D.Masters的译本做局部校订。See, Jean-Jacques Rousseau, *The First and Second Discourses*, Edited, with Introduction and Notes by Roger D.Masters, Tranlated by Roger D. and Judith R. Masters, St Martin's Press, 1964。

[2] 卢梭：《论人与人之间不平等的起因和基础》，第39—40页。

分开来。在最初的年月中，人类即已获得一种作为人的根本规定性，人类此后的发展都是从这个根本规定性中衍生而来。然而，直接由自然的声音表达出来的东西究竟是什么样子？卢梭的自然法究竟是什么？还需加以细致研究。根据卢梭的提示，一切秘密都将在他的自然状态中加以揭示。

一、自然人的生理状况

根据卢梭的计划，有关自然状态下人类生活方式的考察分两部分，其一是心理方面的考察，另一则是立足于形而上学和伦理的考察。这种考察方式初步揭示了自然状态下人类生存的基本特征，这就从一开始将人类与动物区分开来，因为尽管在生理方面考察动物与考察自然人同样适当，但对动物而言，讨论它的形而上学方面和伦理方面显然荒谬。本部分将对于自然人的生理状态加以初步考察，为使论述具有逻辑性，在此仅限于对自然人的身体机能进行一般性考察，而将认识能力、欲求能力和情感置于下一部分进行讨论。

在"第二论"开端，卢梭试图对自然人的生理方面进行讨论。他宣称自己不想"从整个演化过程来研究人的身体构造"，因而几乎彻底摒弃了近代比较解剖学的方法和结论，也拒绝了博物学家的观测，甚至一开始就与亚里士多德对于自然人的假设区分开来，而试图"不凭借我们在这点上所拥有的超自然的知识,不考虑人由于把四肢用于新的用途和摄取新的食物而可能使人的内外构造上产生的变化"。根据他的推定,人自原始时期以来,自然人的构造就和今天所见的一样,"双脚行走,像我们现在这样使用双手,眼光遍及整个大自然,用眼睛打量宽广无垠的苍穹"①。

既然在身体构造上自然人与现代人并没有多大差异,则有关自然人的生物学解释就没有必要。卢梭摒弃了一切有关自然人的生物学解释,这种解释从实验室的观察结论出发,得出了一系列有关人类之生物学起源的说法。在对于自然人进行设想和勾画这件事情上,一切实验都是无济于事,卢梭说,"把人类现存的本性中的原初部分和人为的部分区分开,要准确认识一种不再存在,也许根本就没有存在过,或许将来也不会存在的状态,并不是一件容易的事情"。甚至最伟大的哲学家和最强大的主权者都无法指导这一实验。② 因此,在这件事上最有效的只能是哲学的推理,而非实验。也正是在这个意义上,我们就不能从具体的事实意义上去理解卢梭的自然状态,而只能将其视为一种哲学的猜想,一种无法通过实验来证明的哲学猜想。

在卢梭的猜想中,自然人既没有强悍凶猛的体格,

---

① 卢梭:《论人与人之间不平等的起因和基础》,第51页。
② 同上书,第37页。

也没有灵巧敏捷的身手,唯有一副最为合理的身体构造。[1] 这表现在自然人的身体可以适合于各种用途,借此可以持续运用自己的力量,时刻准备应付各种事件。不仅如此,"分散于各种动物之中的人们,观察了而且模拟了它们的技巧,直到获得了禽兽的本能"[2]。

这是自然人与禽兽不同的地方。自然人没有任何固有的本能,却能取得各种禽兽的本能,并且其他动物享受的食料大部分也可以作为人的食物。这种奇迹般的摹仿能力,来自于自然的赐予,使他们在面对危险时几乎总能化险为夷。[3] 此外,这种能力还使他们身上几乎有所有生灵的影子,最终得以成为万物的"灵长"。

在自然状态中,土地还处在天然的肥沃状态,覆盖着大地的无边森林不会受到任何刀斧的砍伐,这样的大地到处会供给各种动物以食物仓库和避难所。[4] 一切事物都以一种持久不变的方式存在,地面上不会发生某种突然的、经常性的事变。[5] 总体上看来,这是一个十分和谐的适宜人类居住的环境。

在这种环境中生活着的自然人,凭借自然赋予的上述能力,在与其他动物们的搏斗中和对恶劣天气和严酷

---

[1] 卢梭:《论人与人之间不平等的起因和基础》,第52页。
[2] 同上。
[3] 同上书,第54页。
[4] 同上书,第52页。
[5] 同上书,第54页。

季节的适应中,获得了健壮的体魄,"大自然对待他们,就像斯巴达的法律对待其公民的孩子一样,体质好的就让他健康茁壮成长,体质差的就让他死亡"①。

在自然状态中,人们同样要面临天生的虚弱和晚年的衰老,但却少有疾病。在卢梭看来,疾病不属于自然,"人们所患的疾病大多是自找的","在写一部文明社会发展史的同时,也能写一部人类疾病史"。②他设想"野蛮人形单影只,懒惰闲散,时时有危险相伴。他肯定喜欢睡觉,但又极易惊醒。他像不会思想的动物一样睡觉,也就是说,无所用心时便昏睡。"③不仅如此,在身体机能方面受到的锻炼使身体停留在粗鄙状态,各种感官于是分化为两种不同的状况:触觉和味觉极其迟钝,视觉和听觉、嗅觉则最敏锐不过。

在上述描述中可以发现:对于自然人来说:(1)他们的合理的身体结构是一种适合于自然生存的自然装置;(2)自然状态的良好生活环境使他们在生活时毫不忧心;(3)自然人的模仿能力使他们在与其他生物的竞争和为自保的生活中占尽优势。

在自然状态下,人类依靠本能就足以很好地保存自己的身体,因此,自我保存就不为自然人所关注。自然赋予了他们以完美的身体构造和自由活动的能力,以及

---

① 卢梭:《论人与人之间不平等的起因和基础》,第52页。
② 同上书,第56页。
③ 同上书,第58页。

对于其他生物的模仿能力，这些是自然人全部的生存武器，除此之外，他们无所依靠。在这里，自然人完全接受自然的最初教导，直接聆听自然的声音，享受自然赋予他们在万物中的尊荣；在这里，自然人得以锻炼自身，他的身体的各项自然机能获得全面的开发。

二、自然人的精神生活

如果说自然人在身体之机能方面极其幸运，则在精神生活领域中又显得相当贫乏。但正是这种精神生活揭示了人类的开端，是自然状态中明显地属于人的因素，是人类从造物主那里获得的全部资产，自然人在身体机能方面受到的种种锻炼都与此一因素的运用有关，也正是它使自然人作为一个类存在与其他生物分离开来。

我们的考察根据理论理性、实践理性和情感的分类进行。理论理性是有关人们对于外部世界和内心世界的认识问题，它表达了人对世界的认识，并探究此类知识在人内心中的根据。康德在《纯粹理性批判》中对此种理论理性进行了详尽讨论，他从感性论开始，逐步进展到知性论，最后上升到理性论，在理性的内部追索人类关于外部世界知识的先天根据。

在卢梭自然状态中，人类的直观是由本能提供的，本能是一种单纯且被动的接受外部刺激的能力。本能决定全部精神生活："愿意和不愿意，欲望和恐惧，直到新的情况使他的精神有新的发展为止,可能是他最初的,几乎仅有的精神活动"。①

自然人对于外部世界采取单纯接受的态度,不具有思维能力,仅具备感性直观的能力,卢梭因此说:

> 野蛮人的想象力不能给他提示什么;他的心灵也不会向他要求什么。他的有限的需要很容易得到满足,他远远没有达到对于想要取得更高知识来说是必要的认识程度,以至于他既无预见,也没有好奇心。自然景象,一经他熟悉之后,便再也引不起他的注意。万物的秩序,时节的运转总是始终如一。②

从这种单纯依靠感性直观能力而缺乏思维能力的状态中,我们能够得出一些基本判断。比如,自然人没有时间感受,无法规定被动接受的直观,因而无法获得理论知识。实际上,在对语言的分析中,③ 卢梭已给出了一个极其详尽的说明:

> 起先每个物体都有一个特殊的名称,没有考虑它的种和属,因为最早的创始者还不能对这些加以划分。这些单个的词全都孤立地出现在他们的头脑中,就像

---
① 卢梭:《论人与人之间不平等的起因和基础》,第 61 页。
② 同上书,第 63 页。
③ 同上书,第 65—71 页。

在大自然中的景象一样,如果把一棵橡树叫做甲,另一棵树就叫做乙,因为人对这两棵树最初的概念是,它们不是同一棵树,而且常常要花很多时间来观察它们的共同性。①

这一对自然人知识状态的说明,可与黑格尔有关"直接知识"的论述做一对观。在《精神现象学》开端,黑格尔说:"那最初或者直接是我们的对象的知识,不外是那本身是直接的知识,亦即对于直接的或者现存着的东西的知识。我们对待它也同样必须采取直接的或者接纳的态度,因此对于这种知识,必须只像它所呈现给我们那样,不加改变。"对此种"直接知识",黑格尔进一步分析说:

> 感性确定性的这种具体内容使得它立刻显得好像是最丰富的知识,甚至是一种无限丰富的知识。对于这种无限丰富的内容,无论我们追溯它通过空间和时间而呈现给我们的广度,或我们从这种丰富的材料中取出一片断,通过深入剖析去钻研它的深度,都没有极限。此外感性确定性又好像是最真实的东西的知识;因为它对于对象还没有省略掉什么东西,而让对象整个地、完备地呈现在它面前。但是,事实上,这种确

---

① 卢梭:《论人与人之间不平等的起因和基础》,第69页。

定性所提供的也可以说是最抽象、最贫乏的真理。它对于它所知道的仅仅说出了这么多：它存在着。而且它的真理性仅仅包含着事情的存在。①

根据上述表述，可以将卢梭的自然状态中人类的认识状态称为"直接知识"的状态。在此，人们面对一个丰富的世界，但只是被动地接受这个世界，不主动把握。这种知识因而如黑格尔所言，看起来极丰富，其实又极贫乏。因此，

> 他没有足够的智慧来欣赏那些最伟大的奇迹，我们也不能在他那里找到一种人们需要知道的哲学，使他懂得如何观察他每日所见到的事物。他那什么都搅扰不了的心灵，只有对自己目前生存的感觉，丝毫没有将来的观念，无论是多么近的将来。他的计划，也像他的眼光那样局促，几乎连一天以内的事情都预见不到。②

接下来考察自然人的欲求能力。卢梭写道：

> 大自然让野蛮人只受到本能支配，或者更准确地

---

① 黑格尔：《精神现象学》（上卷），贺麟、王玖兴译，商务印书馆1979年第2版，第63页。
② 卢梭：《论人与人之间不平等的起因和基础》，第63页。

说，还赋予野蛮人某些器官能力以补偿其本能上可能缺乏的东西，这些能力起先能够弥补所缺，然后又使他大大超越本能，把他大大提高到本能以上。因此，野蛮人的活动都是先从纯动物性的官能开始的。①

根据卢梭有关自然人欲求能力的看法，在自然状态中，本能和能力完全一致。对此，《爱弥儿》第2卷中有清晰的表达：

> 大自然总是向最好的方面去做的，所以它首先才这样地安排人。最初，它只赋予他维持他生存所必需的欲望和满足这种欲望的足够的能力。他把其余的能力通通都储藏在人的心灵能力的深处，在需要的时候才加以发挥。只有在这种原始的状态中，能力和欲望才获得平衡，人才不感到痛苦。②

这种欲望和能力的关系，或者说本能和能力之间的平衡关系究竟是什么导致的？根据前面的分析，根本原因在于，自然状态中人不具有认识能力，自然人不曾想到在自身之外设定目的，或者更准确地说，对自然人而言，不存在本能之外的其他设定目的的能力。

此种关于欲求能力的看法，导致了卢梭关于自然人

---

① 卢梭：《论人与人之间不平等的起因和基础》，第61页。
② 卢梭：《爱弥儿》（下卷），第83页。

"善""恶"的独特观念。自然人完全听从自然的声音，没有任何价值观念的产生，不必为任何价值承担责任，

> 野蛮人不为恶，也不知道什么是善，因为阻止他们作恶的，不是启蒙的发展，也不是法律的约束，而是激情的平静和对邪恶的无知。①

不仅如此，自然人丝毫没有"你的"和"我的"概念，公正观念的缺乏使他们可能将遭受的暴行视为一种易于弥补的损害，而不认为是一种应予惩罚的侮辱。他们甚至连报复的念头都没有，只是有时像狗吞咬向它投掷的石头一样，机械地表示反抗。由于这些原因，除了为了食物而争斗之外，他们的争执很少会发生流血的后果。②

正是在上述意义上，卢梭针对霍布斯有关自然人的看法提出了尖锐反驳：

> 若根据他（即霍布斯——笔者注）提出的原理进行推论，他就应该这样说，在自然状态中，人的自我保护行为决不伤害到别人，因此这种状态最能促进和平，最适合人类。可是他说的正好相反。他把满足大量激情的需要，不适当地加到野蛮人的自我保护行为中，而这些激情是社会状态的产物，也正是这些激情

---

① 卢梭：《论人与人之间不平等的起因和基础》，第75页。
② 同上书，第79页。

使法律成为必要。①

在此有必要提及卢梭有关自然人情欲的论述,②在他看来,"爱情"是一种"危险"的情感,不仅能使两性互为需要"像火一般炽烈",而且"能够使人敢冒一切危险,扫除一切障碍。尽管这种激情的目的是为了保护人类,但它狂热起来也能摧毁人类。"③在对"爱情"这种特别的欲求能力的讨论中,卢梭将"爱情"中的伦理成分和生理成分区分开来。④正是凭借这一区分,他为自然人欲求能力的纯洁性作了如下辩护:

> 生理的成分就是促使两性结合的一般欲望,伦理的成分就是规定这种欲望,并将这种欲望排他性地固定于唯一一个对象上,或者至少使这种欲望对所偏爱的对象表现得更为强烈。不过容易看出,爱情中伦理成分是一种人为的情感,是由社会习俗产生的。……这种情感以野蛮人不可能有的有关功绩和美丽的一些观念为基础,还以野蛮人不可能做的相互比较为基础,所以几乎可以肯定,野蛮人没有这种情感。因为他的头脑不可能产生像端正和匀称这种抽象观念,他的心也就感受不到仰慕和爱恋的情感,这种情感是人们在

---

① 卢梭:《论人与人之间不平等的起因和基础》,第74页。
② 同上书,第80—83页。
③ 同上书,第79页。
④ 同上书,第80页。

运用这些观念的时候，不知不觉地产生出来的。他只有他从自然那里所接受的性情，而没有他尚未获得的那种鉴赏，任何女人对他都是好的。①

在这个有关爱欲之生理属性的说明中，自然人之所以在爱情观念上如此冷淡，并非缺乏强烈的性冲动，而是尚未有任何美丽和匀称的观念。这一论述同样贯彻了卢梭有关自然人认识能力的看法：自然人缺乏对事物进行比较和判断的思维能力，仅仅依照内心配备的本能来生活，能力的发挥恰恰处于能给欲望带来满足的程度，因而他们并不具备在本能之外设定某种目的——无论是以他自身之外的某物为目的，还是以他自身为目的——的能力。

在结束对自然人的思维能力、欲求能力的讨论之后，卢梭重点提及一种霍布斯没有发现的人的本性，即"怜悯"，② 他写道：

> 大自然将这种本性赋予人，使他能够在一定场合，

---

① 卢梭：《论人与人之间不平等的起因和基础》，第80页。
② 本文仅限于说明"第二论"第一部分中的"怜悯"，而忽略对卢梭其他文本中有关这一概念的叙述以及有关"怜悯"的思想是否有所发展的问题。实际上，自发表"第一论"以来，卢梭一直强调怜悯的自然流露的重要性，指出了道德的无可争辩的基础。在"第一论"中，后来又在《爱弥儿》中，卢梭不断证明怜悯是"先于所有反思活动"的美德。参见德里达：《论文字学》，汪堂家译，上海译文出版社1991年版，第246—277页，尤其参见第262—276页。

第五章 论作为审美状态的自然状态

由于内在地不愿看到同类受难,从而抑制他的狂热的自负,或在自负产生之前,抑制他的自我保护欲望,抑制他追求个人幸福的热情。①

在此,所谓"内在地不愿看到同类受难"或者"自负产生之前"的自我保护欲望究竟是什么意思?根据前述对自然人的认识能力的分析,在此"内在地"表明单纯感觉,而没有思维的参与;在对自然人欲求能力的分析中,自然人并没有"你"的和"我"的观念,也没有公正和侮辱的观念。②因此,"怜悯"是一种在思维产生之前的人的内心感觉,而并非基于欲求能力之上。

在卢梭看来,"怜悯"是"人的唯一的自然美德","是人的一种禀性,它适合于像我们这样软弱并且易遭受这么多不幸的生灵。由于这种美德在人会反思之前就已经存在,所以更普遍,对人类更有益"③,"是一种先于一切反思的自然的纯粹运动。这就是自然的怜悯的力量,是最堕落的品行都难于摧垮的力量"④。如此看来,在自然状态中,"怜悯"是一种单纯感性支配下的普遍情感,卢梭认定:

---

① 参见卢梭:《论人与人之间不平等的起因和基础》,第75页。
② 同上书,第77页中写道:"是理性使人产生自尊心,思维又使之增强,是理性使人多考虑自我,也是理性使人远离烦扰折磨他的一切。"并参见同一段落对于哲学家的批判。
③ 同上书,第76页。
④ 同上。

> 怜悯是人的一种自然的情感，能节制每个人身上的自爱行动，促进整个类的互相保存。它使我们见到有人遭受苦难便毫不犹豫地去救助他；在自然状态中，它取代了法律、习俗和美德，它有着一种优势，这就是没有人能够想要去背离它的温柔的呼声；正是怜悯，使身体强壮的野蛮人，在自己有望从别处得到生活必需品时，就不去抢夺孺子和老人辛苦觅得的衣食；正是怜悯，不用"你们愿意人怎样待你，你们也要怎样待人"这条合理正义的庄严准则，而用另一个有关自然之善的准则来启发所有人——"做对自己是善的事情，尽可能少损害别人"，尽管这个准则并不完善，但也许会比前一项准则更有益。总之，正是在这种自然的情感之中，而不是在那些精致的论证中，我们才能找到在作恶时反感的原因。①

总体上看，卢梭对"怜悯"的分析显得晦涩难懂，上述从他有关"怜悯"的分析中摘抄的段落更多是抒情而非论证。如果不将对"怜悯"的理解同对自然人认识能力和欲求能力的理解结合起来，就很难理解"怜悯"一词在自然状态下的准确含义。

作为一种主观情感，"怜悯"在自然状态中尽管深切，却毫无对象，因而表现得"朦胧而强烈"。② 这是因为自

---
① 卢梭：《论人与人之间不平等的起因和基础》，第78页。
② 同上。

然人缺乏思维能力，无法将"怜悯"施加给特定主体。此外，又因为自然人不具备欲求能力，就无法设定除本能设定的目的之外的其他目的，因此"怜悯"并非一种在本能设定的行动之外的行动。如此，我们就可以获得一个关于"怜悯"的崭新见解："怜悯"是一种指向普遍对象的、并且在本能活动之外不附加在任何其他行动之上的主观情感。简言之，它是一种伴随着自然人本能活动的普遍性情感。

这个有关"怜悯"的结论是从自然状态的整体描述中推论出来的，尽管它并未回答自然人是否会"把自己认同于受难的动物"，也没有回答这种天然的感情是否能克制个人身上强烈的自爱情绪，但它却是自然人精神活动的唯一内容。不仅如此，如果说本能仅是一种被动接受外部刺激的能力，则正是这种普遍性感情，推动自然人在自然状态下成为自由行动的个体。"怜悯"蕴涵着一种使自然人超出其本能状态的力量，从而使之成为一个"自由的施动者"。

卢梭曾经说："愿意和不愿意、欲望和害怕可能是人最早的几乎也是唯一的精神活动，直到新的情况引起新的能力开发为止"[1]，新情况的发生和新能力的开发需要借助一种精神性的力量。这种精神性力量究竟是什么呢？实际上，只要承认自然人尚未有思维活动，尚未有

---

[1] 卢梭：《论人与人之间不平等的起因和基础》，第61页。

本能之外的其他欲求能力，就可以说，决定这种愿意和希求的，正是这种无对象的"怜悯"。① 这是一种不假外求的、属于内心的情感。为了表明"怜悯"的这种不假外求的本质，卢梭试图用"做对自己是善的事情，尽可能少损害别人"这句格言来加以描述，他的做法无疑十分正确。

三、人类最初生活方式的本质特征

自然状态是人类生活方式的开端，这个开端显得神秘莫测。在今天这个能娴熟运用思维的时代，如何能够想象没有思维的状态？在自然状态中，人类已经形成，自然状态意味着人类生活方式的开始，这个开始充满了玄机，令人疑惑不已。

亚里士多德说"人是一种城邦动物"，这句话传达的是，人类注定要过政治生活，政治生活是人的本性。但是有关自然人的论述却带给我们一种新奇的感受：存在这样的一个状态，一种并非如同今天能想象的政治社会，而是一种较之亚里士多德的城邦观念更本质、更久远的生活状态，在自然状态中，人们已经作为一个独立

---

① 如此，似乎能解释自然状态下人的自由施动者资格和人的自我完善化能力发生的根据，正是怜悯推动了自然人的生命活动。关于自由施动者和自我完善能力的叙述，参见卢梭：《论人与人之间不平等的起因和基础》，第60—61页。

的类，开始了在世界上的生存与活动，在此人们彼此分离，却对世界抱有相同的感情——怜悯，这种感情是他们作为一个类存在的唯一证据，也是自然人之自由施动能力的唯一根据，正是它使自然人具有不断自我完善的能力，最终使人类走出自然状态。

何谓本源性的生活状态？这个问题不能借助经验来回答，而要求对人类的政治存在进行一种逻辑的或者说先验的论证。在自然状态中，人类已经具备其他生物不具备的特征，这是人类社会的真正童年。① 在此，感性和知性尚未分离，在单纯感觉的支配下，思维方式还远未形成。在此，使人类同其他生物相互区分开来的是一种普遍性的情感。

自然状态为我们展示了一种最美妙的景象，自然人无法在各个感觉之间建立关联，却能在感觉之间来回穿梭；这是一个概念尚未生成的世界，却有一种支撑人类全体的力量；这是一种情感状态，"怜悯"是自然状态中唯一的精神事实。正是"怜悯"，为自然状态订立了最初的法则，从此自然人与其他生物得以区分开来。卢梭写道："在自然状态中，它取代了法律、习俗和美德，它有着一种优势，这就是没有人能够想要去背离它的温

---

① 应该注意的是，在"第二论"第二部分开端卢梭讲述了人类的青年时代，这似乎意味着在他那里，人类的历史是自我生长的，他描述的是一部人类精神的发展史，而并非一部生物学意义上的人类进化史。

柔的呼声"①。由此看来，将此种情感状态视为人类最初生活方式的最为本质的形态并不为过。

卢梭有关"怜悯"的叙述中包含着自然状态之可能性的根本秘密。自然状态中没有公民社会的产生，但已包含公民社会产生的酵素。如果说卢梭对"怜悯"有着不一般的感情，这也是因为他成功证明了即便在缺乏概念思维的情形下，或者在单纯本能支配的自然状态中，仍然有一种精神的力量，它不能从本能中去寻找，也不能从人的思维活动中去寻找，而是根植于人类的内心活动之中。

卢梭的令人敬仰的地方在于，他揭示了一种有别于霍布斯的普遍的主观情感存在的可能性，在《利维坦》中，霍布斯揭示了一种称为恐惧的可以普遍预设的情感②，而在卢梭这里，则认为霍布斯笔下的那种称为恐惧的激情不是自然状态下的情感。恐惧的激情已经是一种社会性的情感，在卢梭看来，只有人在对某些事物具有一定观念时，或者是由于单纯的自然冲动，才会希望或者畏惧那些事物。③ 然而，只要我们意识到，自然状态中尚未存在认识，自然人便不会思维，尚未存在着较本能为多的欲望，一切人为的情感都不存在。因此，唯有这种怜悯的激情，才是唯一适当的、可以在自然状态中预设

---

① 卢梭：《论人与人之间不平等的起因和基础》，第78页。
② 参见本书第二章中有关霍布斯的恐惧概念的分析。
③ 卢梭：《论人与人之间不平等的起因和基础》，第62页。

的情感。

由此看来,"怜悯"一词的提出确与霍布斯有关,作为霍布斯尚未发现的新事物出现。① 卢梭对霍布斯的指责,不是因为"怜悯"的缺失与否,而在于一个基本原则的存在与否。在自然状态中还没有思维活动,在此感性和知性尚未分离②,在此"想象力产生不了图画,他的头脑提不出问题""他既不能深谋远虑,也不能有好奇心""他没有很强的悟性,不会对自然奇观感到惊异。他的头脑中没有那种能促使他观察常见事物的哲学思想。他的思想不受任何刺激,完全沉湎于对他当前的感觉之中,没有任何关于未来的概念,哪怕这个未来就在眼前"。③ 在卢梭看来,对上述这些特征,霍布斯全然不察,他的自然状态已然是一个社会状态,在那里,人们已经懂得死亡的含义,对死亡深感"恐惧"。④ 相较而言,卢梭的自然人不懂什么是"死亡的恐惧",他们对死亡没有任何观念。⑤

在现代研究者们看来,"怜悯"这个词语显得有些模糊不清,难以解释,他们一般性地认为:

---

① 卢梭:《论人与人之间不平等的起因和基础》,第75页。
② 同上书,第63页。
③ 同上。
④ 根据施特劳斯的总结,"霍布斯认为值得提出来的,也不是痛苦折磨中的死亡本身,而只是威胁着一个人的、被他人手中的暴力所造成的横死"。(《霍布斯的政治哲学》,申彤译,译林出版社2001年版,第20页。)
⑤ 卢梭:《论人与人之间不平等的起因和基础》,第62页。

就人类这种动物而言，怜悯是在一个人于他的自我之中唤起他正在援助的个体所具有的态度的过程中、是在一个人在援助另一个人时采取这另一个人的态度的过程中出现的。一位医生完全可以在不对病人抱有任何怜悯态度的情况下，以某种客观的方式完成一项手术，但是，就一种怜悯态度而言，我们的意思是说我们的态度会在我们自己的内心之中导致我们正在援助的那个人的态度。我们之所以能够怜悯他，并且能够因此而意识到我们自己在设身处地地为他着想，是因为我们已经用我们自己的态度，在我们自己的内心之中唤起了我们正在援助这个人所具有的态度。我认为，这就是对我们通常在含糊的、未加界定的意义上所说的"模仿"和"怜悯"的确切解释。①

这里的"怜悯"需要内心主动召唤而来，甚至需要认识的辅助，即"意识到我们自己在设身处地地为他着想"，这种意识因素的涌入表明它不符合卢梭笔下对于"怜悯"的定义。在此，"怜悯"受着方方面面的限制。在一个具体的社会生活环境中，为了得到关于"怜悯"的具体定义，需要回答它得以产生的前提条件，除非这些条件得到满足，就不可能得到一个完整的定义。然而，

---

① 米德：《心灵、自我与社会》，霍桂桓译，华夏出版社 1999 年版，第 322 页。

这种试图从社会心理学的角度讨论"怜悯"概念的做法，必定会令卢梭的读者们极度失望。只要无视卢梭笔下的"怜悯"的特定结构，无视"怜悯"在自然状态中的支撑作用，就无法理解卢梭构设自然状态的真正用意。由此看来，自然状态在本质上是一种情感状态，是一种基于情感而建立的人类生活状态。这是一种极其特殊的共同体状态，在此共同体只在普遍的主观情感中有其根据。① 对此，尽管卢梭并未给予充分说明，但却丝毫不妨碍我们获得这种建构可能性的线索。

无论如何，需要对于此种可能性给予充分说明，这个情感状态究竟具有何种具体的结构，需要作进一步细致的论证。然而，毋庸置疑，对于一种单纯基于情感的共同生活状态是如何可能的问题，卢梭"自然状态"恰恰提供了一个适当且精彩的例证。

四、"怜悯"实质是对一个表象的审美性状

在《判断力批判》中，康德注意到了一种并非从概

---

① 卢梭构建自然状态基于两项原则，一是自我保存，二是怜悯。根据自然状态的总体描述，第一个原则显然无关紧要，唯有第二个原则需要解释。考虑到自然人没有思维活动，因此自然状态中的两个原则可以转化为：（1）本能（在这一点上无法使得自然状态中的人与动物区分开来），（2）情感（这是一种特殊的情感，正是这一点才能解释自然状态下人与动物的不同之处）。如此看来，有关自然状态的描述就是一种情感现象学的描述。

念出发的愉快,即一种发生在鉴赏判断中的审美性"愉悦",这种愉悦"永远不能从概念出发被看作与一个对象的表象必然结合着的,而是必须任何时候都只是通过反思的知觉而被认作与这个表象连接着的,因而如同一切经验性的判断一样并不能预示任何客观必然性和要求先天的有效性"①,在此发生了一种奇特的现象,这就是"鉴赏判断""不是一个经验性的概念,而是一种愉快的情感(因而根本不是什么概念),但是这种情感却又要通过鉴赏判断而对每个人期待着,并与客体的表象联结在一起,就好像它是一个与客体的知识结合着的谓词一样"。②

上述论断提供了一条解答自然状态之谜的线索。自然人不具有思维能力和欲求能力,而唯有"怜悯"。在此,"怜悯"显得极其模糊、难以说明。由于自然人缺乏思维能力和超出本能之外的欲求能力,则自然人的"怜悯"就是一种无对象的"怜悯",它在根本上是自然人的一种内心情趣,此种情趣支撑着自然人对自然界发生普遍兴趣。因此,与其说"怜悯"与自然人之间的相互关系有关,还不如说它关注的是自然人与自然之间的相互关系。"怜悯"既不涉及任何对于自然物的知识,也不涉及与某个特定的自然人之间的关系,而仅与自然物对自

---

① 康德:《判断力批判》,邓晓芒译,杨祖陶校,人民出版社 2002 年第 2 版,第 26 页。
② 同上书,第 26 页。

然人的表象有关。根据康德的从与对象无关的表象之上产生的一种主观情感即是"该表象的审美性状"[①]这一理论，"怜悯"表达的不过是自然人的"审美性状"。

在康德笔下，对象的表象上的"审美性状"不是用"怜悯"表达的，而是用"愉悦"来表达。与"怜悯"一样，它们先于对于客体的知识、甚至不把该客体的表象运用于某种认识，而将这一表象与主观的东西相结合，借此表达自然表象与主体之间的适合性。"表象是在愉快和不愉快的情感的名义下完全关联于主体，也就是关联于主体的生命感的。"[②] 在这些主观情感的基础上，因而建立起一种极其特殊的分辨和评判能力，它对于认识没有丝毫贡献，而只是把主体中所给予的表象与内心在情感中意识到的全部表象能力相对照，这就是"鉴赏能力"，上述"审美性状"即是此种鉴赏能力的获得物。

如果说"怜悯"作为一种主观感情，本质是自然人对自然物之表象上的一种"审美性状"，而作为"鉴赏能力"的必然结果，则这个结论大大出乎读者的意料。较之康德对鉴赏判断的论述，自然人的种种特征是否与此一致，尚有待具体讨论。这个讨论将展示"怜悯"实质作为一个"审美性状"的充分证据。康德曾指出鉴赏判断的四个契机，亦即关于"审美性状"的四个特征，

---

① 康德：《判断力批判》，第 24 页。
② 同上书，第 38 页。

在下面的部分中，我们将着力说明这四个契机所对应的在"自然状态"中发生的情况。

美是一种"无利害的愉悦"，是一种纯然主观性的、不与任何需要相关的情感。由于缺乏认识能力的参与，鉴赏判断的主体无法将眼光固定在一个特定对象上。不仅如此，在对此种无利害的愉悦加以说明时，康德强调"只有当需要被满足之后，我们才能够分辨在众人之中谁是有品味的，而谁没有品味"①，因而取消了主体在一种单纯情感之外的对对象的专注，"通过它（即这种无利害的愉悦或者不愉快——笔者注）完全没有标明客体中的任何东西，相反，在其中主体是像它被这表象刺激起来那样感觉到自身。"②

此种情况恰好是"自然状态"中发生的情形，除本能提出的需求外，自然人没有其他欲求能力。由此，自然人的"怜悯"是无利害的主观情感。因此，当康德说"既然问题在于某物是否美，那么我们并不想知道这件事的实存对我们或对任何人是否有什么重要性，哪怕只是可能有什么重要性；而只想知道我们在单纯的观看中（在直观或反思中）如何评判它。"这个描述完全适合于自然人；不仅如此，鉴赏判断对对象存有漠不关心的态度，只将对象的性状与愉快或不愉快的情感相对照。

---

① 康德：《判断力批判》，第45页。
② 同上书，第38页。

第五章 论作为审美状态的自然状态

我们不妨设想,在一切都有规律地运行着的自然状态,自然人的需求得到了满足,既然他们在本能之外没有其他欲求,在面对自然时,他们会有何种内心情调呢?一个吃饱喝足的自然人坐在树荫底下,会对眼前景物抱有一颗怎样的心呢?既然自然人在他欣赏的对象上没有任何利害关切,他们就在内心感到了彻底的自由。然而,"怜悯"是无对象的,因此它就转化为一种对生命本身的热爱,这是个体因自然物的表象诱发而来的,在表象上的一种纯然主观的感受。这种对"怜悯"的设想合乎"自然状态"的整体特征,尽管卢梭本人并未做出此种推论。

然而,在自然人的内心情趣中,到底是预设一种"怜悯",还是预设一种"愉悦"?对此,自然状态的整体特征仍然会提供解答问题的线索。既然自然人全无认识能力,对自然物的表象是他们对于外部世界的唯一印象,则他们就无法在表象上建立任何规定,而只能在这些表象上产生一种内心感觉,这种感觉的作用使自然人在接受自然物的表象之时感到满足。

任何一种在表象上产生抵抗性的情感,只会使自然人将注意力集中在特定的表象之上,因而使他不是限制在这个表象上,而是超出这个表象,因此将这个表象作为一个特别的对象来规定。此种情形在自然人中不可能发生，也是鉴赏判断必须予以排除的。① 鉴赏判断从来不专注于一个对象，但却必须在具体的对象上感到愉悦，由此所获得的毋宁是一种"流动之美"②。即便要在自然人的内心中预设一种情感，也只能是一种使自然人在不论哪一个自然物的表象上都感到满足的情感，这种情感尽管必须在具体表象之上诱发出来，却不为这个表象限制。对自然人来说，一方面无论何种自然物的表象都为他接受，另一方面，无论哪个自然物的表象都不为他专注，在前述对自然人认识能力的考察中，我们发现的正是此种情形。实际上，康德在鉴赏判断的分析论也看到：

> 既然在鉴赏判断里想象力必须在其自由中被考察，那么它一开始就不是被看作再生的，如同它是服

---

① 具体来说，这是一种特定的审美，是一种"作为玄想静观的愉快"，它是"以另一种情感、也就是对自己超感性的使命的情感为前提"，这就是崇高感。关于此种情感不属于鉴赏判断的理由，参见《判断力批判》，第134页。

② "流动之美"的提法，参见《判断力批判》，第65页，第69页，尤其参见第65页对于两种美之间的对比。对这种"流动之美"可以从主体和对象的表象两个方面解释：其一是美主要表达的是主体身上按照自然概念在与反思判断力的关系中诸客体的合目的性。因而美似乎是作为对象的谓词，但却是一种主观的谓词，仿佛它是属于对象的逻辑上的可能性。在此流动性反映了鉴赏判断主体的自由性。参见《判断力批判》导言第7节第7段，第27页。其二是鉴赏判断反映出来的这种对象的表象对主体的主观合目的性在经验性领域中不可能规定任何边界。这就意味着我们究竟在什么地方能找到这种合目的性本身并不确定，因而"流动性"表明了鉴赏判断中引起此种愉悦的对象之表象的不确定性。参见《判断力批判》"导言"第6节。

从于联想律时那样，而是被看作生产性的和自身主动的（即作为可能直观的任意形式的创造者）；而且虽然它在领会一个给予的感观对象时被束缚于这个客体的某种确实的形式之上，并由此而言不具有任何自由活动（如在写诗时），但却毕竟还是可以很好地理解到：·对·象·恰·好·把·这·样·一·种·形·式·交·到·想·象·力·手·中，·这·形·式·包·含·有·一·种·多·样·的·复·合，·就·如·同·是·想·象·力·当·其·自·由·地·放·任·自·己·时，·与·一·般·的·知·性·合·规·律·性·相·协·调·地·设·计·了·这·一·形·式·似·的。①

上述引文充分注意到鉴赏判断的这种自由同时又不自由的情形，即一方面它是生产性的和自身主动的，另一方面又被束缚在客体的某种确实的形式上。康德注意到：

> 判断者在他投入到对象的愉悦上感到了完全的自由：所以他不可能发现只有他的主体才依赖的任何私人条件是这种愉悦的根据，因而这种愉悦必须被看作是植根于他也能在每个别人那里预设的东西之中的；因此他将这样来谈到美，就好像美是对象的一种性状，而这判断是逻辑的判断似的。②

这是一种单纯主观性的情感，是一种完全自由的，

---

① 康德：《判断力批判》，第77页。着重号为笔者所加。
② 同上书，第46页。

但同时必须是在一个具体表象之上才能产生（因为可以说受其局限）的情感。我们或者将这种情感作为对象的先天谓词，但却是主观的谓词，或者可以将其作为主体的一种内心情趣，正如在上述关于流动之美的说明中遇到的，当它作为对象的一种主观的却必然的谓词时，我们无法预先确切地知道会在具体什么地方遇到它，而作为主体的审美性状的时候，它表明的是主体针对于具体表象的审美自由。

我们必须有可能将鉴赏判断作为对象的一个仿佛是客观的、但实际上是主观的先验谓词。这种附属于对象的客观性，只有在预设一个主观的鉴赏判断具有普遍有效性的时候才能发生。康德写道：

> 反思的鉴赏对于自己的（关于美的判断）在每一个人那里都是普遍有效的要求毕竟也是经常饱受拒绝的，却仍然会感到有可能（它实际上也在这样做）设想有些判断是可以要求这种普遍赞同的，并对每一个人都期望着事实上对自己的每个鉴赏判断都普遍赞同，而下判断者并不为了这样一种要求的可能性发生争执，却只能在特殊情况下为了这种能力的正确应用而不能达成一致。[1]

---

[1] 康德：《判断力批判》，第49页。

然而，鉴赏判断的此种特征是否能在"自然状态"中得到印证？在此，"怜悯"是作为自然人的内心情趣发生的，同时也表明自然人过着一种局限于自然物之表象的生活方式。因此"怜悯"与其说是与自然人的彼此关系相关，还不如说它关涉的是自然人与自然物之间的关系，只是这种相互关系不是建立在对自然的使用基础上的，而是自然人在自然物的表象上面能够获得的一切内心情调。

由此看来，鉴赏判断具有一种主观自由性，这种主观自由性意味着在自然人的身上具有一种反复出现的，在任何一个对象的表象上反复感到同一种内心情调的能力，因而就在这种反复出现的内心情调的基础上，看到了对于对象的表象不带任何目的的主观合目的性。它揭示了主体在对象的表象上的一种特殊能力，即在此主体感受的愉快不是从其他地方获得的，而是在其自身中就有原因，① 因而，这种主观合目的性意味着鉴赏主体在鉴赏活动中具有自发的原因性，其本质是通过主体在鉴赏对象上的愉快得以表达的一种审美的自由性。

自然人为保存自身而四处奔走，其生活方式与动物无异。在我们看来，当卢梭强调说自然人不同于动物的最大区别是一种自由施动者身份的时候，实际上表明自然人具有较动物强烈得多的生命感。这种生命感不能从

---

① 康德：《判断力批判》，第49页。

人的本能中得到解释,因为本能不具有自我加强的力量,即便是卢梭对自然人的模仿能力的强调也表明了这一点——本能并不能促使模仿。因此,会模仿的、具有自由施动能力的自然人具有一种不同于其他生物的特征,正是这种特征推动了自然人的自我完善,那么在自然人的身上,究竟是何种禀赋加强了自然人的生命感呢?

只有预设审美自由,方能提供一种促进生命的力量。在自然状态下,人不具有概念思维,因此这种审美自由就成为了他们生命活动中的唯一的精神要素,或者说,正是自然人面对自然表象的这种自由的情调——不管称之为"怜悯",还是称为"愉悦"——是自然人的唯一的生命动力。

卢梭写道:大自然支配了所有动物,兽类服从支配,人同样也感受到了大自然的影响,但人认为自己有服从或不服从的自由,而主要就是由这种自由意识凸显了人的灵魂的灵性。① 自然人的自我意识不可能是理性时代人对于自身的认识,例如意识到自己是一个自我设定的存在者,而根本上应该是一种在单纯表象上面领会到的可以普遍传达的内心情感。正是它使自然人对自然界的一切表象不加选择地接受,因而意味着自然界的一切表象对于自然人的主观合目的性。因此表明了自然人对自然界的一种亲近感,或者说仿佛是生命自身的原因性,

---

① 卢梭:《论人与人之间不平等的起因和基础》,第 60 页。

或者说是生命本身的力量。对此，康德曾评论说："我们流连于对美的观赏，因为这种观赏在自我加强和自我再生。"①

这种"自我加强"和"自我再生"的能力是生命本身的自由性的体现，生命本身是无条件的，作为最终的原因。因此在康德看来，"美只适用于人类，即适用于动物性的但却有理性的存在物，但这存在物又不单是作为有理性的（例如精灵），而是同时又是作为动物性的存在物"。②

唯有在人的身上才能发现如下情形，

> 在一个对象借以被给予的表象那里，对主体诸认识能力的游戏中的形式的合目的性的意识就是愉快本身，因为这种意识在一个审美判断中包含有主体在激活其认识能力方面的能动性的规定根据，所以包含有一般认识能力方面的，但却不被局限于一个确定的知识上的某种内在原因性（这种原因性是合目的的），因而包含有一个表象的主观合目的性的单纯形式。③

这就十分恰当地描述了在自然人那里发生的情况，对自然人来说，除了内心中的怜悯之外，没有其他值得

---

① 康德：《判断力批判》，第58页。
② 同上书，第45页。
③ 同上书，第57—58页。

关注的东西，但怜悯也是一种在自然物的表象上自由地产生的情感。

凭借着此种主观性情感，一切自然物的表象都不加选择地为自然人接受，这是对卢梭笔下自然人的自由施动能力的一个较好的哲学诠释。在卢梭有关自然人的描述中，我们看到，自然人之"自由施动"能力，正是他们相对于其他生物根本不同的方面。具体来说，

> 即在野兽的活动中，大自然是唯一的施动者，而人则能也以自由施动者的身份参与他自己的活动。野兽靠其本能决定取舍，而人则自由自在，随心所欲。①

> 构成人类与兽类之间的种差的不是人的悟性，而是人的自由施动者的身份。大自然支配所有动物，兽类服从支配，人同样感受到大自然的影响，但人自认为有服从或者不服从的自由，而主要就是由这种自由的意识显出人的灵魂的灵性。②

我们不能仅仅将此种"自由施动"能力仅仅作为自然人的生理方面的特征，而是应该将其视为自然人精神生活的反映。

---

① 卢梭：《论人与人之间不平等的起因和基础》，第59页。
② 同上书，第60页。

结语

总体来看，怜悯是一种无利害的，并且不是作为对象的逻辑表象，而是作为一种主观的逻辑表象。它表达的是自然人的审美自由，从而使自然人在根本上有别于其他生物，因此是自然人成为万物灵长的根据，这就明确了人这个类的诞生。也因此，我们就可以说，卢梭笔下自然人的生活，从根本上来说是一种基于审美的共同生活。

卢梭有关自然状态下人的生活方式的论述，同康德在《判断力批判》中有关人的审美活动的论述，有着内在的关联性，我们通过分析卢梭笔下自然人的生理状态和精神状态，发现了两者的平行关系。在卢梭笔下，自然人的怜悯成为自然人有别于动物的唯一特征，是卢梭设想的新的自然法的原则，这一自然法的原则不是孤立的，而是共同生活的原则，这就正如康德在审美判断力批判中，尽管从个体的审美情感出发，最终发现了这种情感其实并不只为个体所有，也可在人与人之间预设。孤独的自然人就如同孤独的审美者，卢梭和康德揭示了人类身上具有的共同生活的内在要素，这就为新的政治哲学提供了前提。[1]

---

[1] 关于此种政治哲学的讨论，参见本书第六章。

第六章　康德的鉴赏判断与审美的政治哲学

——对于卢梭的自然状态的新阐释

在卢梭的自然状态中，自然人的"怜悯"具有和从鉴赏判断而来的审美性状相同的方面，然而，对自然人而言，是否能普遍预设这种怜悯？是否可以要求自然人对此表示普遍赞同？卢梭写道："正是怜悯，由于具有能打动任何人的声音，在自然状态下起了法律、道德和习俗的作用"。①

在自然人身上这一普遍的情感如何是普遍的？一种单纯主观上的情感如何可能是普遍必然的？怜悯如何成为了自然状态中的法则？对这些问题的解答不仅是打开全部自然状态之谜的钥匙，也为我们展示一种新的政治哲学进路提供了启示。

一、康德有关鉴赏判断的先验演绎

在卢梭那里，"怜悯"是单纯主观的，是一种主观

---

① 卢梭：《论人与人之间不平等的起因和基础》，第78页。

的审美自由状态,尽管它必须在一个具体对象之表象上才能获得,却不局限在这个具体对象的表象之上。因而从这种审美自由中而来的就不仅是一种主观的审美愉悦,这种愉悦仿佛有先天的根据,而是客观的,可以作为一条普遍的规律存在。这样一来,问题就转换为:仅仅从自己对一个对象的愉快情感出发,不依赖于这对象的概念,而先天的、即无需等待别人同意,就把这愉快评判为在每个另外的主体中都加之于该客体的表象上的,这种判断是如何可能的?①

这正是康德在《判断力批判》中有关鉴赏判断的演绎的核心内容。康德说:

> 只有当一种判断对必然性提出要求时,才会产生对这类判断的合法性的演绎、即担保的责任;这也是当判断要求主观的普遍性、即要求每个人同意时就会发生的情况,不过这种判断却不是什么认识判断,而只是对一个给予表象的愉快和不愉快的判断,即自认为有一种对每个人普遍有效的主观合目的性,这种主观合目的性不应建立在任何关于事物的概念上,因为它是鉴赏判断。②

---

① 康德:《判断力批判》,第130页。
② 同上书,第121页。

在康德有关鉴赏判断的第四个契机的讨论中，可以感受一个审美性状具有的独特特征，即这种主观性情感具有一种特殊的必然性，"即一切人对于一个被看作某种无法指明的普遍规则之实例的判断加以赞同的必然性"①。

一种审美性状考虑的仅仅是一种纯然的情感——无论它是用怜悯也好，还是愉快也好，并且它仅仅和对象的表象有关，而丝毫不考虑对象，也就是说对对象的实存毫不在意。在自然状态中，怜悯是自然人面对眼前的景象产生的，但对导致这种怜悯产生的具体来源——即究竟是何种对象——却无法断言。产生美的那个对象的表象是永远无法指出来的，否则我们讨论的就不是"流动之美"，而是"固着之美"，后者以概念为前提。② 如此看来，在一个审美性状中，关键不是对对象的实存作断言，而在于一种普遍有效的情感，尽管它必须限定在一个特定的表象之上，却丝毫不对这个审美性状的有效性产生影响。审美性状不依赖于此一特定的表象，之所以依附它，似乎是为了远离它，"所以不是愉快，而正是被知觉为与内心中对一个对象的单纯评判结合着的这愉快的普遍有效性，在一个鉴赏判断中被先天的表现为对判断力、对每个人都有效的普遍规则"③。这就揭示了

---

① 康德：《判断力批判》，第73页。
② 同上书，第65页。
③ 同上书，第131页。

审美性状中最为关键和本质的方面。

在鉴赏判断的模态中,即在对审美性状对于愉悦的必然关系的说明中,康德注意到:

> 鉴赏判断要求每个人赞同;而谁宣称某物是美的,他也就想要每个人都应当给面前这个对象以赞许并将之同样宣称为美的。所以,审美判断中的这个应当本身是根据这评判所要求的一切材料而说出来的,但却只是有条件地说出来的。人们征求着每个别人的认同,因为人们对此有一个人人共同的根据。①

由此看来,审美性状的必然性是有条件的,这个条件究竟是什么?在《判断力批判》的第20节,康德提出了一个关键性命题,即"鉴赏判断所预定的必然性条件就是共通感的理念"。他写道:

> 假如鉴赏判断(如同认识判断那样)拥有一条确定的客观原则,那么根据这条原则作出这些判断的人就会要求他的判断具有无条件的必然性了。如果这些判断没有任何规则,就像单纯感观口味的判断那样,那么人们将完全不会想到它们有任何必然性。所以*鉴赏判断必定具有一条主观原则*,这条原则只通过情感

---

① 康德:《判断力批判》,第74页。

而不通过概念，却可能普遍有效的规定什么是令人喜欢的、什么是令人讨厌的。①

这个作为鉴赏判断基础的主观原则就是"共通感"，正是它为情感的普遍性奠定了最终基础，它是在鉴赏判断中可以先天断定的东西，因而不是建立在经验基础之上。对我们能够实际地在对象的表象上有一种纯然的愉快或者怜悯而言，它毋宁是一项授权，表明个体在特定表象上领略到的愉悦可以普遍传达：

> 所以当我在这里把我的鉴赏判断说成是共通感判断的一个例子，因而赋予它以示范性的有效性时，共通感就只是一个理想的基准，在它的前提下人们可以正当地使一个与之协调一致的判断及在其中所表达出来的对一个客体的愉悦成为每一个人的规则：因为这原则虽然只是主观的，但却被看作主观普遍的（即一个对每个人都是必然的理念），在涉及到不同判断者之间的一致性时是可以像一个客观原则那样来要求普遍的赞同的；只要我们能肯定已正确地将之归摄在这原则之下了。②

---

① 康德：《判断力批判》，第 74 页。着重号为笔者所加。
② 同上书，第 76 页。

第六章 康德的鉴赏判断与审美的政治哲学

鉴赏判断的演绎因而围绕着"共通感"进行，它必须对"共通感"的存在作出说明，即在何种情况下有这种"共通感"的存在，演绎的全文为：

> 如果承认在一个鉴赏判断中对于对象的愉悦是与其形式的单纯评判结合着的，那么这种愉悦无非就是这形式对于判断力的主观合目的性，我们在内心中觉得这个合目的性是与对象的表象结合着的，既然判断力就评判的形式规则而言，撇开一切质料（不论是感观感觉还是概念），<u>只能是针对一般判断力运用的主观条件的（既不是为特殊的感觉方式也不是为特殊的知性概念而安排的）；因而针对那种我们可以在所有的人中都（作为一般可能的知识所要求的来）预设的主观的东西：所以一个表象与判断力的这些条件的协和一致就必须能够被先天的设定为对每个人都有效的</u>。就是说，在对一个感性对象的评判中这种愉快或者表象对认识能力的关系的主观合目的性将是可以向每个人都有权要求的。①

演绎的关键在于能预设表象与判断力的主观条件的

---

① 康德：《判断力批判》，第131—132页。引文中的着重号为笔者所加。同时参见第75页"人们是否有根据预设一个共通感"，在那里使用的是"诸认识能力和一般知识的相称，也就是适合于一个表象以从中产生出知识来的那个诸认识能力的比例。"

协和一致，而一般能力的协调一致的比例，正是健全知性要求的，[①]因而是建立在表象力在相互关系中遇到的内心状态基础上的。[②] 具体来说，即是想象力（为了直观和直观的多样性的复合）和知性（作为这种复合的同一性表象的概念）之间的协和一致，或者诸表象力在一个给予表象上朝向一般认识能力而"自由游戏"[③]的情感状态。[④] 康德说：

> 既然这判断（即鉴赏判断）不以任何客体概念为基础，那么它就仅仅在于把想象力本身（在一个对象由以被给予的表象那里）归摄到知性一般由以从直观达到概念的那个条件之下。这就是说，正是由于想象力的自由在于想象力没有概念而图形化，所以鉴赏判断必须只是建立在想象力以其自由而知性凭其合规律性相互激活的感觉上，因而是建立在一种情感上，这种情感让对象按照表象（一个对象通过它而被给予）对于在诸认识能力的自由活动中使这些能力得到促进

[①] 康德：《判断力批判》，第134页。
[②] 同上书，第52页。
[③] "游戏"是审美性状发生的根据，因此是对鉴赏判断的另一个更生动表述。但"游戏"或者"鉴赏判断"毕竟表明它们是为主体的一般认识能力作准备的，它们的存在意味着一般认识能力的存在，尽管在此还没有任何认识能力的发生，甚至在概念产生之后，它们也以伴随的方式出现。（康德：《判断力批判》，第22页）
[④] 同上书，第52页。

这方面的合目的性来评判。①

二、鉴赏判断的演绎在怜悯问题上的适用性

康德有关鉴赏判断的先验演绎是否也适用于卢梭的自然状态？或者，是否能以同样的方式对"怜悯"做一番哲学演绎？只有在肯定回答的基础上，才能断定："怜悯"在自然状态中之所以产生，根据在于想象力和知性之间"自由游戏"，它的实质是想象力以其自由而知性凭其合规律性相互激活的一种特殊感觉。也恰好是在这个地方，上述演绎似乎还不能直接地适用于对怜悯的考察。因为在自然状态中，自然人毫无思维活动，对自然物也全无观念，自然物在他们眼前不过是一些瞬间消失的表象而已。游戏的参与者之一——那个合规律的知性——的缺位使我们无法在自然人那里预设想象力和知性之间"自由游戏"的内心状态，而这种内心状态是一切鉴赏判断所以发生的前提。

之所以发生此番变故，是因为《判断力批判》的写作是基于《纯粹理性批判》提出的感性和知性分离原则。《判断力批判》中的原初意图是希望能以此来表达一切自然物的表象对于主体的适合性，这种适合性是为了完

---

① 康德：《判断力批判》，第129页。

成《纯粹理性批判》中知性与感性的结合的任务必须作出的预设。在此意义上,认识能力的发挥是正常的情形,而在实际的认识活动中可能遇到自然的诸多"变相",阻碍了认识能力之发挥的必然性,但这不过是一种"偶然"事件。如此看来,这种关于自然表象对主体在主观上的适合性做出的必然预设,是在偶然情形下的必然预设。在此发生的判断不再是逻辑判断而是鉴赏判断,前者具有逻辑上的客观性,而后者则具有单纯主观的客观性。

康德对于审美判断力的关注从属于他有关一般认识能力的讨论,因此尽管《判断力批判》似乎具有独立地位,但此种地位却是作为对《纯粹理性批判》的不可或缺的补充出现的。因此,对于审美性状特征的论述是凭借判断的逻辑功能的指引找到的,即参照一个作为认识主体的基本特征得出的结论。[①] 这种审美性状的实质表达了一种自然物的表象对于主体(更为准确地说是对于一个"一般的认识能力")而言的适合性或者说合目的性。

如此看来,鉴赏判断是在不能认识的场合为了认识的必然性作出的预设,是在人的现实认识活动中发生的一种变故。较之人类理性对于外部现象认识的必然性来说,鉴赏判断是"偶然"的,这种偶然性成为了认识必然性的不可或缺的补充。但在自然状态中,由于思维活动尚未开启,因此不得不预设一种普遍必然的鉴赏判断,

---

① 康德:《判断力批判》,第37页。

在此意义上，自然人的生活是一种纯粹的审美生活。他们的内心洋溢的"怜悯"感觉实际上表明了在他们各自的生活中，在与对象面对面的过程中领略到的内心感觉。由此看来，在康德的论述和卢梭论述的方式上具有重大区别，由此导致康德的上述演绎似乎不适用于对"怜悯"之必然性的演绎，因而无法回答我们针对自然状态提出的证明问题。在自然状态中，知性能力尚未存在，因此还不能认为在这个开端处就已经存在想象力和知性的自由游戏。在此，除了对象提供给主体的表象之外，除了在这个表象上引起的情感之外，再也没有其他东西。那么，一种无思维的"怜悯"究竟是如何可能的呢？

在康德看来，任何认识能力的发挥必须以鉴赏判断揭示出来的"一般认识能力"的存在作为前提，因此对鉴赏判断的批判就构成了"一切哲学的入门"。[①] 然而，在这里，我们只能预设一个一般性的知识能力，或者说只能建立起一种单纯情感，于是，对于情感的内在结构似乎就不能说出更多的东西，也不能在这里预设想象力和知性能力的发挥和使用。

考虑到康德在知性和感性二分的前提下展开有关鉴赏判断的讨论，那么我们是否能够独立地有一门关于"哲学入门"的知识？这种知识将不仅能讲述感性和知性分离的根本原因，而且可以提供感性和知性的统一的根据。

---

① 康德：《判断力批判》，第30页。

或者说我们能否将鉴赏判断不是作为一种偶然发生、因而作为认识活动的补充，而是作为一种普遍必然的，独立于一切认识活动发生的能力？或者不是如康德所作的那般，在认识的必然性框架内对它加以考察，而是将其视为一种独立地、因而是前认识活动的发生的审美能力？所有这些问题都是我们在卢梭的自然状态中发现的情况，如果要正确地理解自然状态，就必须预设此种特殊的鉴赏判断力，不是将它的根据建立在想象力和知性"相互一致""自由游戏"的内心情感中，而是建立在一种纯然的内心情感——即"怜悯"中，我们必须要为此找到新的根据。

出于上述理由，我们需要从鉴赏判断的发生过程开始讨论。在此，务必再次回忆起鉴赏判断的一个根本特征，即它是这样一个审美性状：主体在一种全无利害的情形下在一个对象的表象那里所感受到的愉悦。此种审美性状可以被用来描述自然人的"怜悯"。

即便在自然状态下，主体也具有一种对表象的接纳能力。《纯粹理性批判》一开始即讲述了此种能力，"通过我们被对象所刺激的方式来获得表象的这种能力（接受能力），就叫做感性。所以，借助于感性，对象被给予我们，且只有感性才能给我们提供出直观"，而"当我们被一个对象所刺激时，它在表象能力上所产生的结果就是感觉。那种经过感觉与对象相关的直观就叫做经验性的直观。一个经验性的直观的未被规定的对象叫做现象",进一步地,"在现象中,我把那与感觉相应的东西称为现象的质料"。①

在《纯粹理性批判》中,认识能力的发生要求知性能力的发挥,即必须预设一种统觉的综合统一原理,以作为知性的一切运用的最高原则。但这种能力在自然人那里根本不存在,因为统觉的综合统一是作为一切知识的客观条件,任何直观为了对我成为客体都必须服从这一条件,并且"惟有在这一条件下我才能把这些表象作为我的表象归于同一的自己"②。实际上,为了从上述的表象能力获得的杂多中形成直观的统一性,需要将这些杂多性贯通起来,然后对之加以总括,这就必须预设"领会的综合","没有它(这种领会的综合——笔者注)我们将不可能先天的拥有空间表象,也不可能先天的拥有时间表象:因为这些表象只有通过对感性在其本源的接受性中提供出来的杂多进行综合才能被产生出来"。③

领会的综合由此构成了一般知识之可能性的先验根据。与它相关联的是一种所谓的想象力的再生综合,后者属于内心的一种先验活动,"想象力是把一个对象甚至当它不在场时也在直观中表象出来的能力"。④想象力

---

① 三处引文见于康德:《纯粹理性批判》,邓晓芒译,杨祖陶校,人民出版社2004年版,第25页。
② 康德:《纯粹理性批判》,第93页。
③ 同上书,第115页。
④ 同上书,第101页。

是唯一能够给予知性概念一个相应直观的条件,它为纯粹知性概念提供了得以运用的素材,"作为单纯的表象,它们除了结合能力所颁布的那种法则之外,决不服从任何结合的法则,于是那把感性直观的杂多结合起来的东西就是想象力"。① 为了达到这一点,必须能够预设想象力有一种"自发性"。但如此一来,在想象力的现实运用上就发生了两种状况,一方面,想象力按照智性的综合统一来说依赖于知性,而按照领会的杂多性来说则依赖于感性。

由于想象力和知性的规定性无法得到发挥,在自然状态下,自然人只有单纯的表象生活,这种经过感性能力接受而来的与对象相应的现象的质料因而杂乱无章,

> 每一个直观里面都包含着一种杂多,但如果内心没有在诸印象的一个接一个的次序中对时间加以区分的话,这种杂多却并不会被表象为杂多:因为每个表象作为包含在一瞬间中的东西,永远不能是别的东西,只能是绝对的统一性。②

这就是在自然人的认识能力的发挥中遇到的情形,在自然人面前,表象即是"这一个","这一个"是一瞬

---

① 康德:《纯粹理性批判》,第109页。
② 同上书,第115页。

间的东西,具有绝对的同一性,"这一个"与其他的"这一个"不相关联。康德因而写道:"表象的杂多可以在单纯感性的、亦即只是接受性的直观中被给予,而这种直观的形式则可以先天的处于我们的表象能力中,它不过是主体接受刺激的方式而已。"[1] 如此看来,这种表象能力是一种被动的能力,在自然人那里,体现为本能。那么我们究竟如何从这种表象能力出发解释自然人发生怜悯的原因呢?自然人的生命感和"自由施动"者的身份又如何得到解释呢?

在自然状态中,想象力全无规定,相应地知性能力也就得不到发挥。可以说想象力和知性能力似乎是在表象中"入了迷",陷入一种"迷醉"状态。但作为人的一般认识能力,知性和想象力却是永远存在的,只是在此它们尚未积极作用,作为一种潜能存在,这些潜在的人类能力"迷醉"于表象生活。在表象世界里,想象力感受到了完全的自由,知性也因想象力的这种逍遥自在而无所事事。想象力无心规定外部的任何一个表象,而是在表象世界中进入游戏状态,这种对于表象的不加选择对它来说毋宁是接受了一次训练,即对于一切表象都毫不拒绝地接受,而知性也就伴随它在这个表象世界中"漫游"。在这个周游表象世界的行动中,想象力和知性以各自的"放任自流"表现出来的生命活动看起来是闲

---

[1] 康德:《纯粹理性批判》,第87页。

散的，是生机勃勃的。正是借助于这次在表象世界的环行，想象力和知性过足了它们的感性生活。它们从不在表象上感到绝望，而是一再忘记了它的经验，每每从头重新经历同样的过程。这次环游使它们到处看到了全新的东西，在这个表象世界中，知性和想象力感到了日新又新的希望，仿佛到处看到了一种流动着的"美"，并且，仿佛带着一种悠闲自在的愉悦似的，在每个表象上面都感到了同样的享受和满足，但却又似乎不停留于任何一个表象。康德写道："想象力可以自得地合目的地与之游戏的东西对于我们是永久长新的，人们对它的观看不会感到厌倦"①。

如此一来，在自然状态中就产生了一种自由的想象力，这种自由是以迷醉于表象世界的态度表达的，它能在主体身上产生愉悦的感情，这种愉悦是生命与世界的亲近。基于此，可以认为支配自然人生活的正是这样的一种想象力。

因此，想象力的自由并非是一种积极的自由，它不是想要把握或者规定什么，而是一种悠闲自在的态度；而由此导致的也并非是知性的合规律性，而是知性的无所事事。在此，人类的知性仿佛骑在想象力这匹脱缰的野马上，悠闲自在地经过一个又一个表象，对于这些未来将属于他的财产全然不觉，他以新奇的态度看着眼前

---

① 康德：《判断力批判》，第80页。

的这一切，熟悉这未来属于他的财产。在此意义上，尽管我们并不同意康德在普通知性中预设的想象力和知性自由游戏的态度，但毕竟可以这样来预设：想象力和知性以各自的闲散和逍遥自在在表象生活中感到了满足，而这种满足的态度使他们对表象世界的一切倍感亲切。由此而来的是激发起的一种愉悦感，以及由此展示出来的生命感，一种自我复制的前进力量。

这个修正而来的演绎结论丝毫没有改变那个被预设之物的单纯主观性，并且较之康德本人给出的演绎结论，两者没有根本差异。在我们看来，上述所谓的这种想象力和知性的闲散和逍遥自在的态度，其实表明了想象力的自由和知性的合规律性，因为在针对表象世界的活动中，恰恰表明了知性和想象力的未来全部的运用领域。这里所谓的想象力的自由和知性的合规律性恰好是想象力和知性在针对表象的消极运用下的性状。我们可以在普通知性中预设这一逻辑形式，以完成对于"怜悯"这一特定审美性状的演绎。

三、作为政治社会存在的根据的想象力

如前所述，怜悯的根据在于一种自由闲散的想象力，是一种想象力的特殊运用。德里达通过对卢梭怜悯概念的考察也发现，怜悯的唤醒需要想象。如果不是想象，怜悯根本就不会发生。他写道：

> 怜悯是天赋的，但就自然的纯粹性而言，它并非人所独有，它通常属于所有生物。它是"如此自然，以致从兽类身上常常可以发现这方面的迹象"。没有想象，怜悯就不可能在人类那里自动苏醒，就不可能进入情感、语言和表演，也不可能认同他人，就像认同另一个自我一样。想象是怜悯的人化过程。①

德里达看到了怜悯与想象之间的关联性，"是想象而不是理性推动了怜悯。没有想象，'人心中与生俱来的'这种怜悯就会沉睡和'静止'……反思的理性并不与怜悯同时产生……怜悯并不随着理性而苏醒，而是随着想象而苏醒，想象使它脱离了休眠状态。卢梭不仅将想象与理性的区分视为当然，而且使得这种区分成为它全部思想的力量所在。"② 不仅如此，他还认为，"它（即想象力——笔者注）开辟了进步的可能性。它动摇历史。没有它，可完善性是不可能的，众所周知，这种可完善性在卢梭看来构成了人性的唯一突出特点。"③ 在德里达看来，想象是可完善性和自由的条件，为自由和可完善性开辟了道路，因此出现了两个系列：（1）动物性，需要，兴趣，手势，感性，理智，理性等等；（2）人性，情感，

---

① 德里达：《论文字学》，汪堂家译，上海译文出版社1991年版，第266页。
② 同上书，第262—263页。
③ 同上书，第263页。

想象，言语，自由，可完善性，等等。① 他从卢梭关于戏剧理论的叙述中发现了想象力的矛盾，"只有开辟戏剧表演的场面和空间，它才能战胜兽性，唤起人的感情。它宣告了堕落的开始，而堕落的可能性本身就铭刻在可完善性概念中。"②

早在《爱弥儿》一书中，在讨论原初状态作为能力和欲望之平衡的状态之后，卢梭说：

> 一旦潜在的能力开始起作用的时候，在一切能力中最为活跃的想象力就觉醒过来，领先发展。正是这种想象力给我们展现了可能达到的或好或坏的境界。使我们有满足欲望的希望，从而使我们的欲望更为滋长。不过，起初看来似乎是伸手可及的那个目标，却迅速地向前逃遁，使我们无法追赶；当我们以为追上的时候，它又变了一个样子，远远地出现在我们的前面。我们再也看不到我们已经走过的地方，我们也不再去想它了；尚待跋涉的原野又在不断地扩大。因此，我们弄得精疲力竭也达不到尽头；我们愈接近享受的时候，幸福愈远远地离开我们。③

---

① 德里达：《论文字学》，第264页。
② 同上书，第266页。
③ 卢梭：《爱弥儿》（上卷），李平沤译，商务印书馆1978年版，第83—84页，着重号为笔者所加。

这段话中透露了想象力在卢梭体系中的重要意义,在这里,想象力是作为人身上最活跃的能力出现的,德里达评论说:

> 由于想象力是所有能力中"最活跃的能力",它不能被其他能力所唤醒。当卢梭说它"自动醒来"时,他是在严格的反省意义上加以理解的。想象只能产生于它自身。它什么也不能创造,因为它是想象。但它也不接受任何外来的东西或先于它的东西。它不受现实的影响……①

从德里达的评论中,可以看到,想象力是一种"生成性"的力量,它是那个超出自然的始作俑者,但在自然状态中,它除了塑造一种心情之外,别无作为。这是它在自我运动中能够体会到的流动感觉,它只能迷醉于表象世界中。因此除非它真正苏醒,积极作用,否则人类必将永远停留在自然状态中,想象力将乐此不疲地继续它的逍遥与休闲。

卢梭曾经说:"什么也不能想象的人只能感到自身的存在;他孤零零地生活在人类中间",这一方面意味着,这个人既不能通过唤醒怜悯向他人之为他人的苦难敞开自己,也表明它不能超越自己,直面死亡。动物的确没

---

① 德里达:《论文字学》,第268—269页,着重号为笔者所加。

有"怜悯"的潜在能力，它既不能想象他者的痛苦，也不能想象从痛苦向死亡的过渡。"与他者的关系和与死亡的关系是同一开端。卢梭所说的动物缺乏将自身的痛苦体验为他者的痛苦和死亡威胁能力。"因此，卢梭试图通过想象，通过表象唤醒"怜悯"。①

康德也曾指出，"共通感"是一种共同感觉的理念，它能"在自己的反思中（先天的）考虑到每一别人在表象中的思维方式，以便把自己的判断依凭着全部人类理性，并由此避开那将会从主观私人条件中对判断产生不利影响的幻觉，这些私人条件有可能会被轻易看作是客观的。"② 他进一步写道：

> 做到这一点所凭借的是，我们把自己的判断依凭着别人的虽不是现实的、却毋宁只是可能的判断，并通过我们只是从那些偶然与我们自己的评判相联系的局限性中摆脱出来，而置身于别人的地位；而这一点又是这样导致的，即我们把在表象状态中作为质料、也就是作为感觉的东西尽可能地去掉，而只注意自己的表象或自己的表象状态的形式的特征。③

这种"只注意自己的表象或者自己的表象的形式的

---

① 德里达：《论文字学》，第269页。
② 康德：《判断力批判》，第135页。
③ 同上书，第136页。

特征"的努力,是通过情感表达的,这种情感可以在每一个普通知性那里预设,这是一种潜藏于心灵深处的"扩展的思维方式",由此也就表明一种"怜悯"情感的先天可能性。

于是,想象力造成的"怜悯"在"自爱"之外开启了新的空间,在此"自爱"得到了最彻底的"自我防护"。在德里达看来,想象力具有一种使生命以自己的表象感动自身的能力。正是这种能力表明了"人化"过程,也表明了"主体"的形成过程:"没有想象,怜悯就不可能在人类那里自动苏醒,就不可能进入人的情感、语言和表演,也不可能认同他人,就像认同另一个自我一样。想象力是怜悯的人化过程"。①

想象力造成了自爱的"第一次转向",由此派生出对他人的爱。表面上看,这种爱无疑是对"自爱"的削弱。

"自由的想象力"是"自然状态"成立的根据。在自然状态中,人类主动听从自然的教导,第一次塑造了人类的精神生活。在这里,人们抱有相同的心情,每个人尽管对他者的存在漠不关心,但那种对生命活动的热情,对世界的逍遥自在,却可以在每个自然人的内心中预设。于是也就建立起了第一个属于人类的共同体,它在一种单纯的内心情感中有其根据。在此,内心自由和本能生活的纯朴之间达到了一致与和谐。

---

① 德里达:《论文字学》,第266页。

如前所述,仅仅在"怜悯"这一纯然情感上就可以建立起一种共同状态——一种与共通感相对应的人类共同生活的状态,但由此确立的只是理念。正是卢梭的丰富想象,使得这个理念形象化了,自然状态充当了"共通感"理念的理想。① 然而,这种理念毕竟是可以在每一个人那里预设的,即作为存在于内心的想象力的自由散漫和逍遥自在,与之对应的是自然人在表象生活上的丰富性。在自然状态中,自然人闲适自在却不乏生命的活力。

德里达对"怜悯"结构的考察表明,"怜悯"必须借助想象力才能推动,正是在想象力的基础上,"怜悯"得以"人化"。想象力造成了自爱的第一次转向,从而脱离了单纯的动物性生存状态,走向了共同体的存在,尽管在此共同体似乎还仅是一个理念,在这里,人的欲望和人的能力之间有一种潜在的平衡。在已经获得了理性的现代人看来,这种平衡是令人怀疑的,必然会被打破。现代人不相信能够在一种单纯情感的状态上还有什么客观性或者普遍性可言。

尽管理念的现实可能性令人怀疑,但我们有充分的根据预设它,正如对于审美过程中的那种愉悦我们也并

---

① 关于理念与理想之间的关系,康德写道:"但比理念显得还要更远离客观实在性的就是我称之为理想的东西,我把它理解为不单纯是具体的、而且是个体的理念,即作为一种个别之物、惟有通过理念才能规定或才被完全规定之物的理念。"康德:《纯粹理性批判》,第456页。

不总能在现实中获得，但却可以预设一样。在此自由想象力——或者它所引发的"怜悯"或"愉快"的感情——充当了共同体的唯一根据。想象力迷醉于表象生活，而当它从此种迷醉状态苏醒过来，不再将全部表象世界作为它的财产，而在它的金库中精挑细选，它就再也不是这种逍遥自在，不再是一种无对象的怜悯和普遍愉悦，而是对对象实存的认识。从此，它就永远地远离了最初的平衡，人与自然从此分离开来，现代的政治生活普遍丧失了共同体所表达的那种家园感。

考虑到"共通感"是一种主观的普遍性，除非具备如同自然状态中那样良好的条件，否则就不可能在任何具体的"共同体感觉"中遇到它，只能是作为例证无穷地接近这个理念。它是一种"预定的和谐"，对此我们有充分地根据预设它，但却由于我们无法在单纯表象上来设想人类的共同生活，无法设想构成共同体成员的是一群审美者，从而使一切建立在一种无利害的情感上的共同生活如同空中楼阁一般。因为，对于利益的追求已经使每个人善于运用理性能力，设定想要追求的对象和选择在对于目的追求过程中所使用的恰当的工具、方法或者手段。

我们当然无法期待有一个如同自然状态一般的现实共同生活状态存在，实际上，这也并非是卢梭的想法，"共通感"只是作为一个理念或者一项反思性的原则，本身不具有任何建构性意义。因此，不能仅因它传达出了一种主观性的普遍，就以此来附会一种现实的政治状态。任何建构的企图，因此只能和卢梭一道，发挥玄妙的想象，构设一个宁静美丽的自然状态。①

戴茂堂先生认为：

> 审美本质上是人与人之间的情感关系。审美在微渺的人心和遥远的自然以及茫茫的人类之间打通一道深沉神秘的暗道，即使在一个人欣赏对象的场合，他也是（不自觉地）把对象比拟做另一个有感情的人或一个表现出人的感情对象而与之发生"同情"；作为移情活动基础的是人的情感的社会共同性，这种社会性正是人的本质属性。②

又说：

---

① 阿伦特在题名为"康德政治哲学"的演讲中，对于"共通感"一词加以专门讨论。参见阿伦特：《康德政治哲学讲稿》，罗纳德·贝纳尔编，曹明、苏婉儿译，上海人民出版社2013年版，第109—110页。阿伦特试图用康德的共同感来解释城邦的政治生活，这就是她在《判断力批判》中发现的康德的政治哲学。在阿伦特看来，因为这种共通感是对所有人开放的，因而有可能在此基础上提出一种民主的政治哲学。具体来说，通过共通感，每个人可以在保持独立性的基础上，同他人达成一致。因此，阿伦特想要将康德的共通感变成现代民主社会的规则，她试图从康德有关反思性鉴赏的分析中提出一种民主的政治哲学，这就是将民主社会要求的民众之间的建立在自律的基础上的同意当成了"事实"，进一步的讨论，参见黄涛：《戏剧、审美与共同体——卢梭和席勒审美政治理论初探》，上海人民出版社2015年版，第6章第3节。
② 戴茂堂：《超越自然主义》，武汉大学出版社2005年版，第165页。

"共通感"类似于"社会意识"和"社会心理",它以特有的方式把审美与社会性联系起来,把感性与先验理念联系起来,似乎是要在个体感性中展示出人的社会性和普遍结构。①

这就意味着,通过康德对于审美判断力的分析和批判最终有可能指出人的社会性的先验基础,也即是说,在康德的先验学说的基础上,可以获得一种建立在单纯情感上的共同体成立的根据。不仅如此,

透过共通感,我们发现康德美学几乎为我们暗示出了一个具有本源性的,普遍的自由世界。审美自由的这种普遍性不像认识自由的普遍性带有受制于对象意识的客观强制性,也不像道德自由的普遍性带有受制于绝对命令的强制性。②

之所以如此,是因为

判断力只是运用于特殊对象之上而不是为特殊对象立法,情感世界的自由才是无拘无束地、自由地把一个人和另一个人联结在一起,实现人与自然之间的

---

① 戴茂堂:《超越自然主义》,第166页。
② 同上书,第169页。

原初统一性，实现主观的我和客观的我之间的统一性，实现有限与无限之间的过渡，使人直接地意识到自己的社会性存在即直接意识到自己的普遍性自由。在这样一个情感世界里才有马丁·布伯所说的本质上先于"我—它"关系而存在的原初的"我—你"关系。只要人说出"我见到树"，"我—你（树）关系"便告破坏，因为这已是人的意识对作为对象之树的知觉，构筑的乃是主体与客体之间的鸿沟。①

这个普遍必然性的自由世界并不是孤独者的世界。在自然状态下，人类处于流浪和散居的状态，却是一个人同此心的状态。在这种情感普遍有效性的基础上可以建立一个属于人类的情感共同体，却是这样建立的：每个人在各自生活的表象世界中具有的感情是可以预设为其他人都必然具有的，正是在这种情感的同质性基础上，而并非是在表象生活的同一性的基础上，形成了人类社会的童年——卢梭笔下的自然状态。为此必须预设一个"共通感"理念，这个理念表明了人与人之间彼此是可以沟通的，它作为人类政治社会的一个理念，不仅表明了人类必须要有一种普遍可以传达的共同体生活，也因此表明：一切认为人类社会不可能消除冲突的理论，在根本上与人类的本性相互背离。

---

① 戴茂堂：《超越自然主义》，第170页。

必须预设此种自然状态，否则就无法理解人们的历史社会生活的未来。但究竟人类在自然状态之外的一切社会政治生活状态中能够在多大程度上接近这个理念？在此还无法给出一个确定的范围和结论。但尽管鉴赏判断的具体范围是不确定的，它却似乎向我们表明，在人类的经验生活中，即在认识能力的具体的扩展中，或者在生活世界的具体的建构方面，人类必须尽全力接近的这个"理念"，正是在这个意义上，康德写道：

> 我们判断力的吩咐就在于：按照自然对我们的认识能力的适合性的原则行事，凡是认识能力所达到之处，都不去断定（因为这不是给我们提供这种规则的规定性的判断力）它是否在某个地方有自己的边界：因为我们虽然就我们的认识能力的合理运用来说是能够规定边界的，但在经验性的领域中是不可能规定任何边界的。①

在审美判断力批判的末尾部分，康德曾谈及一个理想社会的情形，他写道：

> 在有些时代和民族中，一个民族由以构成一个持久共同体的那种趋于合乎法则的社交性的热烈冲动，

---

① 康德：《判断力批判》，第 203 页。

第六章　康德的鉴赏判断与审美的政治哲学　199

在与环绕着将自由（因而也是平等）与强制（更多的是出于义务的敬重和服从，而不是恐惧）结合起来的这一艰难任务的那些巨大困难搏斗；这样一个时代和这样一个民族首先就必须发明出将最有教养的部分的理念与较粗野的部分相互传达的艺术，找到前一部分人的博雅和精致与后一部分人的自然纯朴及独创性的协调，并以这种方式找到更高的教养和知足天性之间的那样一种媒介，这种媒介即使对于作为普通的人性意识的鉴赏来说也构成了准确的、不能依照任何普遍规则来指示的尺度。①

又写道：

一个未来的时代将很难使那种典范成为多余的；因为它将会越来越不接近自然，并且最终如果不具有典范的持久的榜样，它就几乎不可能做到使自己获得这样一个概念，即幸运地把最高教养的合乎法则的强制性与感到这种教养的固有价值的自由本性的力量和正确性结合在这同一个民族之中。②

典范的力量绝非只是为了模仿，而"为的是不要马

---

① 康德：《判断力批判》，第203页。
② 同上书，第204页。

上又变得粗野和跌回到最初试验的那种粗糙性中去",在这个过程中,唯有鉴赏力才最需要的东西,而它是不能通过概念和规范来规定的。①

> 只有通过唤起学生的想象力去适合某种给予的概念,通过觉察到由于理念是审美的、是概念本身所达不到的,因而表达对它是不充分的,并且通过尖锐的批判,才有可能防止那些摆在学生面前的榜样马上就被他当作原型、当作决不服从任何更高规范而是服从于他自己的评判的模仿范本,因而使天才、但与天才一起也使想象力本身在其合规律性中的自由遭到窒息,而没有这种自由就没有美的艺术,甚至就连一个正确地对美的艺术作评判的自己的鉴赏力也都是不可能的。②

良好的政治社会和法律制度的建构同样是一门艺术,这门艺术的形成首先需要对于鉴赏能力加以培养。如何培养一种关于政治和法律艺术的鉴赏能力,对此,卢梭的自然状态带给我们充分的启示。一个政治社会的成立根据必须是建立在单纯理念上的,这种理念先天的表明了政治社会建立的可能性和必要性,也是一切政治

---

① 康德:《判断力批判》,第125页。
② 同上书,第202—203页。

社会必须遵循的理念。卢梭的自然状态提供了一个对于一切政治社会进行批判的尺度,自然人在情感方面的自由性和在表象生活方面的纯朴性之间的协调,是一切政治社会的创建者和维护者们必须懂得的艺术。

正是在上述意义上,如果说自然状态是在自然的直接指导下建立起来的,是创世者的游戏,则现实政治制度的建构则呼吁着一个伟大的立法者,这位立法者在根本上是一位艺术家[①],唯有他"能够找到更高的教养和知足天性之间的那样一种媒介,这种媒介即使对于作为普通的人性意识的鉴赏来说也构成了准确的、不能依照任何普遍规则来指示的尺度。"

结语

对于"起源"话语的反思,没有人较卢梭更通晓其中机理。他说:

> 只要我们对于自然人完全不了解,那么确定什么是为他规定的法,或者确定什么法最符合他的身体素质,实际上都是不可能的。关于这种法,我们能够清

---

① 施特劳斯注意到,"卢梭所预兆着的、使得公民社会有理由超越自身的那类人,不再是哲学家,而是后世所谓的'艺术家'"。参见施特劳斯:《自然权利与历史》,生活·读书·新知三联书店2006年第2版,第299页。

楚地了解的是，如果它不仅要成为法，而且要成为自然法，就不仅必须使遵守该法的人能自觉自愿地服从，而且还必须直接由自然的声音表达出来。①

正是在这个意义上，不妨将卢梭视为自然的倾听者，一种全新意义上的自然法的创立者。从他开始，人们以一种全新的方式理解自然，洞察人与自然的关系。② 卢梭以一种审美的视角解答"自然状态"如何可能的问题，开启了一种全新的对待世界的方式，这就是以审美的视角看待世界。对于一切政治社会的探讨，遂从古典的政治哲学转换为一门审美的政治学。③

---

① 卢梭：《论人与人之间不平等的起因和基础》，第39页。
② 施米特将卢梭视为反对理性主义的第四种类型，他发展出了一种对生命和自然的独特感情。施米特注意到，卢梭论证方法的独特性很少为人们注意，他认为，在"第二论"中已经能够看到，"'自然'，完全是一个传统哲学中的理性主义概念，是抽象的理性的'本质'，和理性自然法则的同义词，但它获得了一种感情内容。早先哲学中被当作故意的抽象或者历史事实的'自然状态'，变成了一首回荡在森林和原野上的真实的牧歌，一首'浪漫的幻想曲'"，参见施米特：《政治的浪漫派》，冯克利、刘峰译，上海人民出版社2004年版。第59—60页。
③ 参见安东尼·卡斯卡迪：《启蒙的后果》，严忠志译，商务印书馆2006年版。该书详细讨论了美学与政治学以及现代性之间的关系，并指出了这种审美学与现代性之间的距离，尤其是指出了美学与现代民主之间的关系。详见该书第5、6、7章。实际上，席勒正是在康德第三批判的基础上构建一种审美的政治哲学体系，参见席勒：《审美教育书简》，冯至、范大灿译，上海人民出版社2003年版，对于卢梭和席勒的审美政治理论构想的解读，参见黄涛：《戏剧、审美与共同体》，上海人民出版社2015年版。

第七章 施米特论隐秘的自然状态
——理解《政治的概念》

敌人概念在施米特的政治法学中占据着一种优先性，但要想弄清楚这一概念的具体含义却十分不易。普通读者会简单地将施米特笔下的敌人与实际政治生活中的敌人相提并论。想要理解施米特政治法学中的敌人概念，关键在于理解什么是他所谓的敌人的"现实可能性"，敌人的"现实可能性"提醒我们，施米特所谓的敌人不单纯是指"实际的敌人"。根据施米特有关概念社会学的提示，我们注意到，敌人概念意味着一种社会生活状态或结构，弄清楚这个社会结构，有助于使我们看清楚施米特敌人概念的含义，也有助于理解施米特的《政治的概念》的内在意图。

一

在一战之后缔结的各种和约和条约中，施米特觉察到：

> 迄今关于一个行动是不是战争的国际法讨论的出发点都是：战争与和平的对立是彻底的、排他的，二

者都从自身出发,在另一方不存在的情况下来认定的,没有第三种可能性。在和平与战争之间没有中立物。①

针对这一不是战争就是和平的国际法思维,施米特论述说,这些和约扩展了战争概念,取消了军人和非军人的区别,甚至取消了战争与和平的区别,从而

> 使战争与和平之间的这些未得到规定的,有意悬而未决的中间状态合法化,并在法学上将它虚构为正常的、终极的状态,并以此来取代和平。②

在他看来,忽视中间状态可能会导致恶果:

> 在战争与和平的这样一种中间状态中,通过一个概念对另一个概念、即通过和平对战争或者通过战争对和平做出的规定一般所能够具有的那种理性意义丧失了。不仅宣战变成了危险的事情,因为它自动地置宣战者于非法之中,而且无论是军事行动还是非军事行动,把它们界定性地称之为"和平的"或者"战争的",也变得毫无意义……③

---

① 施米特:《政治的概念》,载《政治的概念》(《施米特文集》第一卷),刘小枫编,刘宗坤译等,上海人民出版社2004年版,第168页。
② 施米特:《政治的概念》,第169页。
③ 同上。

与此同时，施米特在国内的政治格局中也发现了中间状态的存在。在自由主义时代的总体政治氛围中，政治成了多元利益集团进行争夺的程序，自由主义的国家学说希望找到一种利益均衡的政治形式。然而，利益分配的不均衡颠覆了自由主义对多元主义国家的向往。自由主义的法理学最终沦为利益争夺的漂亮装饰品。不仅如此，自由主义法理学试图通过规范划分敌友，将敌友关系置于法律规范下进行调整，用规范的敌人取消了现实的敌人。在对"政治的奖赏"的讨论中，施米特发现了新的契机：只要不能消除"政治的奖赏"，自由主义试图通过规范来调整敌友关系的尝试就是失败的。这个被自由主义者摒弃和鄙夷的地方，也是一个有意悬而未决的"中间状态"。

"中间状态"是一个需要决断的状态，它类似于霍布斯的自然状态，却是一个理性人的自然状态，而非自然人的自然状态。这个理性人希望取消自然的一切限制，一劳永逸地解决战争与和平的问题，但施米特却提醒：战争的可能性仍然存在。因此，无视中间状态的存在，就是无视敌人的现实存在，谁掌握了中间状态的支配权，谁就可以影响和平与战争的决断。中间状态是没有规则的领域，是立法权不管不顾的领域，在此，理性丧失了控制能力，人们可以主观地为一切战争寻找到合法性。如果说二元论的战争与和平观试图将政治理性化，那么，正是中间领域的存在，对认为可以一劳永逸地解决战争问题的专家们是巨大打击。因为在自由主义的视野中,并不存在"中间状态",和平与战争的关系是非此即彼的关系。

那么,敌人的现实可能性根源于何处?《政治的概念》讨论了"政治的人类学基础",在那里,施米特提示说,人们必须注意"人类学"前提在人类思想的不同领域存在的重大差异。它既非心理学陈述,也非信仰表白,因而不能对《政治的概念》中的人类学作道德哲学或神学理解,

> 因为政治领域最终为敌对的现实可能性所决定,所以,政治的概念和观点就不能完全从人类学的"乐观主义"出发。因为,这将会消除敌对的可能性,并由此消除所有具体的政治后果。①

这句话表明,施米特对人类学的分析以承认敌人的现实可能性为前提,唯有在敌人的现实可能性的基础上,才能理解他讲述"人的危险性"的真正用意。肯定人的危险性不意味对政治的肯定,对政治的肯定只能基于敌人的现实可能性。敌人的现实可能性尽管与人的危险性相关,但较人的危险性更根本。这是因为,对敌人的现实可能性的肯定意味着"中间状态",而对人的危险性

---

① 施米特:《政治的概念》,第143页。

的肯定并不一定意味着中间状态。

实际上，与中间状态相关的是人的有限性，而非人的危险性，在施米特的笔下，强调的并非是人的危险性，而毋宁说是人的有限性和脆弱性。对于政治的需要不是来自人的邪恶，而是来自人的脆弱性和有限性。承认人的有限性就必须质疑自由主义者对人的自律的过度强调。《政治的概念》中对人的危险性的强调最终转向对人的有限性的强调：

> 对霍布斯这位真正有力而系统的政治思想家而言，"悲观主义"的人性观乃是具体政治思想的根本前提。他同样正确地认为，每一方均称自己拥有真理、至善和正义的做法将导致最恶劣的敌意，最终则导致一切人对一切人的"战争"。①

在施米特看来，之所以造成霍布斯笔下的自然状态，是由于每个人坚信自己拥有真理，拒绝承认自己的有限性。不仅如此，他还提到了普莱斯纳的政治人类学，

> 他（即普莱斯纳）正确地认为，根本不存在那种与政治无关的哲学或人类学，就像根本不存在一种与哲学无关的政治学一样。他尤其认识到，哲学与人类

---

① 施米特：《政治的概念》，第144页。

学作为适合于知识整体的特殊知识,就像其它任何具体学科一样,不能被中立化以反对"非理性"生活的决定。对普莱斯纳而言,人"首先是一种能创造远景的存在",他在本质上是无法确定、无法测度的,始终是一个"悬而未决的问题"。①

在这里,施米特关心的是善、恶人类学之间的区别和普莱斯纳的作为一个"悬而未决的问题"的人结合起来的"性恶论",因此,是与人的有限性有关的"性恶论"。

"敌人的现实可能性"表明了中间状态的命运。在中间状态中,敌人真实地存在,然而,敌人又是可能的,因为中间状态不受重视、无人理会。"敌人的现实可能性"表达了一种异常尴尬的情形:一个重要的却被搁置的领域。中间状态揭示了自由主义政治思想的必然命运,在自由主义的政治思想中,政治被中立化了,真正需要决断的领域却成为中间状态。中间状态无人负责,沦为一个非理性的领域,一切领域的理性化将会因为中间状态的非理性而变得非理性。由于中间状态是一个无人理睬的领地,集聚了一切矛盾,谁能决断中间状态,谁就掌握了支配权。因此,中间状态又是一个具有决断的现实可能性的状态。它提供了区分敌友的可能性。在中间状态中,敌人不过是现实可能性的敌人,中间状态中有着

---

① 施米特:《政治的概念》,第139—140页。

错综复杂的敌友关系，但这些敌友关系都尚未得到调节。它们从规范的领域中逃逸出来，隐藏在中间状态中，一切真正的矛盾都进入到中间状态。由于中间状态搁置判断，因此就成为真正的自然状态，但这却是一个隐秘的自然状态。

要想意识到这一中间状态，需要打破有关普世概念的种种幻想。中间状态的存在意味着"自然状态"的存在，意味着对法权的否定，因此，"中间状态"的存在同时揭示了法权诞生的可能性。肯定中间状态，也就肯定了政治的存在。中间状态的存在表明了敌人概念的现实可能性，而敌人概念的现实可能性是政治概念产生的前提。"政治就是区分敌友"这句格言表明，政治的目的是使中间状态的敌人的现实可能性真正具体化，使得敌友关系变得更为明确，即以一种目标明确的敌对性取代模糊的敌对性。正是在此意义上，"政治区分敌友"具有非同寻常的意义：它要在一种自然状态基础上，确定过去一直被遗忘的敌友关系，将一个遗忘的领域再度据为己有，终结这一"悬而未决"的问题状态。尽管政治就是区分敌友造就的具体的敌对性，但作为区分行动之结果的敌对性的具体化消除了模糊的敌对关系可能产生的危险，从而使敌对状态相对化，这是施米特《政治的概念》一书的真正奥秘所在。

二

将中间状态视为自然状态,必须注意其隐秘性。正是自然状态的隐蔽性才使政治的概念有再度思考的必要,也正是这种隐蔽性,使施米特的学说在根本上有别于霍布斯的学说。在霍布斯那里,自然状态是公开的冲突状态。此外,承认中间状态就要承认不能机械地限定人的生存,而需要承认人的积极的精神生活。如果说,霍布斯的自然状态在本质上是一种由欲望支配的状态,施米特的自然状态则是精神生活造就的状态。霍布斯的自然人借助于欲望来支配,个体对于对象的选择取决于针对对象的欲望。尽管"恐惧"概念具有一种超越一般意义上的欲望的属性,但却终究没有彻底脱离欲望的自然性的限制。

在霍布斯的自然状态向利维坦的转换中,人的理性因素尚未占据主导。然而,在施米特的隐秘的自然状态中,却藏匿着真正的理性精神。如果说自由主义的社会契约论中有一种理性精神,那么这种理性精神还不过是计算的理性、统计学上的理性。施米特用一种真正的理性精神打破了机械的理性,这种真正的理性精神是从康德的实践理性中获得力量的,这是一种立法的理性。也就是说,人有足够的勇气超越自己的局限性,尽管这种超越在现实世界中可能终究无法完成。施米特对理性有着一种崭新的洞见，他说：

> 我们认识到精神生活的多样性，了解到精神生活的中心领域无法成为中立性的领域，而且那种利用有机论与机械论、生命与死亡的对立来解决政治问题的做法是错误的。只有以死亡为对立面的生命不复是生命，而是软弱与无助。谁如果除了死亡之外便不知道还有其它敌人，以为自己的敌人无非是空洞的机械论，他就离死亡而非生命更近。①

精神生活要求摆脱将对立面看作是机械的、僵死的对立面，而将其看作充满了精神活力的对立面。正是在这种关于精神生活的规律性的看法基础上，施米特发现了一个隐秘的自然状态，精神生活具有较自然生活更大的活力和张力。施米特的隐秘的自然状态是建立在精神生活的多样性的基础上的。在霍布斯笔下，自然人并非理性人，自然人不具有理性能力，② 理性人塑造的自然状态必然不同于自然人塑造的自然状态；上帝之所以令人们彼此不和，为的是使人能在如此动荡的状态下还能领会上帝的旨意。但在施米特笔下，人们之间彼此不和的原因不是来自于神，而是来源于人，来源于已经学会

---

① 施米特：《中立化与非政治化时代》，载《政治的概念》，第187页。
② 一个明显的例证是，霍布斯笔下的自然人不知道几何学。

了推理和计算的资产阶级人。他们已经知道推理的价值，懂得"权势欲""财富欲""知识欲""名誉欲"对人的价值和意义，更为准确地说，在施米特这里，"权势""财富""知识""名誉"成了理性的内容，并非仅是作为一种出自本能的欲望。

然而，一种与机械论的理性学说保持距离的理性概念究竟如何表现呢？在施米特看来，多样性的精神生活有其自身的逻辑，它不得不与自身保持距离，因此，由这个新的理性概念支配的世界是无法为理性自身穷尽的。精神生活既然不是单一的，那么就是丰富的，精神生活自身只有选择的问题，而不存在绝对的价值问题，这是一种相对主义的理性观。中间状态之所以产生，完全是因为理性无法除尽余数，精神生活的多样性已经到达了如此程度，以至于必须重估一切价值，以至于一切试图将精神生活包容其中的规范性的理想都必然破产，这个隐秘的自然状态正是在此种情形下产生的。因此，《政治的概念》中预设的人类的危险性，其实意味着人的有限性，人无法决断终极真理。正是如此，在规范性的理想和绝对价值之外，就不可避免地存在一个"中间状态"。由此看来，自由主义法律学说的失误在于，它希望尽可能地排除中间状态，尽可能地排除精神生活的多元性，结果造成了现实生活中的对立和紧张。由于中间状态成为了矛盾的"集中营"，忽视了中间状态，就是忽视真正的矛盾。

在霍布斯笔下，自然人被死亡、贫困或其他灾难的恐惧所蠹蚀，他们总是要无休止地焦虑，不得安息。①但既然"今生的幸福不在于心满意足而不求上进"，既然"幸福就是欲望从一个目标到另一个目标不断地发展，达到前一个目标不过是为后一个目标铺平道路"，②焦虑与不安就并不值得谴责，而意味着新的契机，即能在不安和焦虑之余感受到在世生活的无限和上帝之全能。相较而言，在新的自然状态中，施米特笔下的现代人，由于自己决断自己的命运，已经失去了霍布斯笔下自然人享有的幸福感，而陷入到现代性的虚无深渊中，"幸福"的满足为"经济—技术思维"代替。通过自身努力争取来的幸福与通过经济—技术生产得来的幸福不可同日而语，经济—技术思维排斥人格，因此幸福的生活与人脱节。

机器时代的非人格性在施米特有关"代表"概念的讨论中表现得十分鲜明，在他看来，

> 经济思维必定要弃绝一切代表功能，这是它的内在属性。专家和商人已变成了供货人或监工。商人坐在办公室里，专家则坐在书房或实验室里。如果说他们真有什么现代品质的话，那就是，他们都为企业服

---

① 霍布斯：《利维坦》，第80页。
② 同上书，第45页，第72页。

> 务——他们都是匿名的。如果以为他们代表着什么，那是十分愚蠢的。他们要么是些私人个体，要么是些政党人物，但肯定不是什么代表。①

这意味着，在经济—技术的思维中，真正的矛盾被消除了。施米特的自然状态是技术时代人与人之间危险关系的写照，但此种危险不是霍布斯自然状态中的公开的危险，而是一种隐蔽的危险，这种隐蔽的危险因理性人的自负而表现出来。自由主义法律人相信，依靠理性治理世界不会有什么余数，但在自由主义的法律学说中，仍然存在"政治的奖赏"。施米特从自由主义终结的地方开始，在他看来，自由主义并未完全消除自然状态，正是这个隐秘的自然状态提供了一种新的政治的可能性。隐秘的自然状态与公开的自然状态有一系列重要差异，前者不可否定、不可替代，后者则可以为自由主义的国家替代，自由主义试图一劳永逸地解决人与人之间的冲突，但这种企图因为隐秘的自然状态而陷于破产。

施米特的隐秘的自然状态从霍布斯式的公开的自然状态结束的地方开始。重要的是他注意到，在隐秘的自然状态中，敌友关系的强度大大增加了，不仅较之古代城邦之间的战争具有更大强度，而且较之霍布斯笔下自然人之间的战争有更大的强度。古代人借助神区分敌友，

---

① 施米特：《罗马天主教与政治形式》，载《政治的概念》，第62页。

霍布斯笔下的自然人借助激情区分敌友,而在这个隐秘的自然状态中,是借助价值与非价值区分敌友,施米特说:

> 价值规定的纯主体性的自由导致价值与世界观之间的一场永恒斗争,一场又是一切人与一切人的战争,一场永恒的所有人反对所有人的战争。与此相反,古代的所有人反对所有人的战争,甚至霍布斯国家哲学提出的残杀性自然状态,都称得上是和谐宁静的田园了。古代的众神走出墓穴,继续他们古老的战斗,却失去了魔法,并且——如我们今天必须补充说明的——操起新的战斗工具。这不是武器,而是残忍的毁灭手段和灭绝方法,即价值无涉的科学及其所运用的工业和技术的可怕产物。①

三

《政治的概念》对"敌人的现实可能性"的肯定意味着肯定"中间状态",这是政治概念的真正前提。中间状态存在的必然性意味着政治的客观性,只要中间状态存在,政治就始终存在。只要敌人的现实可能性一直

---

① 施米特:"价值的僭政",载于刘小枫选编:《施米特与政治法学》(增订本),华东师范大学出版社2008年版,第23—52页。

存在，宣扬没有敌人就不过是"欺骗"。在《政治的概念》第三版序言中，施米特谈及"敌对性的相对化"：

> 对战争的规限和明确限定包含着将敌对性相对化。在人道意义上，任何相对化都是一个巨大的进步。当然，实现这种相对化并非易事，因为，不将其敌人视为罪犯，对于人类来说相当困难。①

中间状态作为隐秘的自然状态，充满了普遍敌对的危险。在施米特的笔下，敌人的现实可能性的概念社会学意味着总体战争的现实性和可能性。倘若对于"中间状态"不加决断，就放纵了总体战争的现实性和可能性。因此，敌人的现实可能性这一模糊不定的表达其实是关于危险的警示——总体战时代已经来临，它意味着敌对关系的绝对化，这与敌对关系相对化的理想格格不入。

与霍布斯类似，施米特对政治的概念的界定也建立在自然状态的基础上，但与霍布斯不同，施米特并未一劳永逸地结束自然状态。在霍布斯的自然状态终结的地方，施米特提醒，自然状态仍然存在。无论采取什么样的措施，哪怕是成立国际联盟，抑或是联合国大会，自然状态仍以隐秘的方式存在，想要用规范或价值理想决断战争与和平不过是徒劳。在施米特看来，政治唯一能

---

① 施米特：《政治的概念》，第92页。

担负的，是"区分"敌友，即在一个敌友关系的错综复杂的网络中，要求人类的各个有组织的共同体能再度划分敌友，主动地识别"现实可能"的敌人。或者说，将敌友关系明确化：谁是我们的敌人，谁是我们的朋友，这是政治家必须首先明确的问题。

"敌人的现实可能性"意味着一种隐秘的自然状态的可能性，或者说总体战争的可能性。敌人的现实可能性是一个态度暧昧的词语，它并未指出谁是具体的敌人，具体的敌人如幽灵般盘旋在上空。因此，施米特对自然状态的肯定不完全等同于对政治的肯定。"中间状态"的存在明确宣布了一种隐秘的自然状态的可能性，所谓的中立化时代，仍然有滑向自然状态的危险。自然状态否定政治状态，它以模糊难辨的敌人否定明确的、具体的敌人。因而，消除自然状态，就要求明确具体的敌友关系。正是在此意义上，"政治就是区分敌友"鲜明地提出了政治的形式，它要从一种敌人的现实可能性状态中，清楚地区分敌友，从而消除自然状态。如果它无力区分，就将陷入自然状态。

在敌人的现实可能性和隐秘的自然状态的基础上，施米特提出"政治就是区分敌友"，在此过程中，敌人概念发生了转换：这里存在着两个"敌人"，前者是作为现实可能性的敌人，后者则是作为区分内容的"敌人"。前者意味着中间状态，后者则意味着政治状态。既然政治的概念是针对自然状态提出来的，区分行动就是针对着现实可能性的敌人，这也就是说，要在一个充满世界大战危险的自然状态中主动地选择敌人，这就意味着新的具体敌对关系的形成。这种新的具体敌对关系尽管仍然以战争形式发动，却摆脱了自然状态下战争危险的随机性和偶然性。因此，新的敌人的产生意味着自然状态的转化，新的敌人意味着自然状态危险的消失，即便还有敌对行动，但敌对行动与敌对状态再度分离开来。这一切都是因为识别敌人的行动带来的结果。对敌人的识别因而建立起一种不同于自然状态下的关系，也就是一种新的政治关系。

"区分"因此意味着一种新的政治关系的形成，但"区分"的内容又仿佛脱离了政治关系本身。新的政治关系有一种非常奇特的产生机制，"政治就是区分敌友"是在政治的领地之内向外发话，讲述政治自身的逻辑。因此，这句格言就是政治状态对非政治状态的发言。这里的敌、友已然具有双重性：一方面它从属于敌人的现实可能性（因此是属于自然状态），而在另一方面，它又属于政治状态。正是依靠着"区分"行动，两者之间建立了逻辑关联。因此，在《政治的概念》一书中，关键的是"区分"概念，新的政治正是通过"区分"而建立起来的。"区分"构成了施米特界定政治概念的关键。

"区分"的第一个方面是敌人的现实可能性，敌人的现实可能性恰好表明了人的有限性。区分概念的另一方面即民主要求的同质性，政治状态始终意味着一种同质性，无论是霍布斯的利维坦，还是卢梭的社会契约，抑或是康德的法权原则，政治状态总是以同一性、同质性为特征。正是因为人类的有限性，根本无法达到直接的同质性，而同质性的存在也限制了敌人的现实可能性，使它不能上升到普遍的或全面的敌对状态。正是在此意义上，"政治就是区分敌友"恰好意味着政治的理性化。"区分"的政治哲学含义因此就是在直接的同一性和间接的同一性之间进行区分，人类是否具有同一性，是区分行动得以可能的前提，如果同一性直接存在，就不存在敌人。肯定敌人的现实可能性，是出于对人类有限性的自觉。那个政治的人类学前提提醒我们，人类是一个本质存在和有限存在的复合体，因此不能将此种同一性看作现实，同一性作为政治的本质，不能直接地实现自己。

倘若我们从具体民族生存的角度理解施米特"生存意义"上的敌人，就极易沦为民族的政治狂热，军人思想主导政治，容易将公民士兵化，导致单纯军事主义的错误。施米特对克劳塞维茨的"战争是政治的继续"这句格言有着特别的理解：

> 固然，战争有着自己的原则（比如，特殊的军事—技术规则），但是政治却掌握着它的大脑。战争并没有自己的逻辑，这种逻辑只能来自朋友敌人的概念。[①]

---

① 施米特：《政治的概念》，第114页注释。

施米特的生存意义上的敌人具有同一性的品质，它反对动辄以民族生存的名义进行战争冒险。施米特所谓的生存意义上的敌人，不是在隐秘状态中隐藏起来的敌人，而是主动设定的那个敌人，以摆脱隐秘的自然状态。

"区分"的必要性论证了"专政"的必要性，但施米特在此要求的区分或者说专政较一切专政思想有了新的含义。政治的直接同一性不可能存在，存在的只是间接的同一性。执行区分的主体（他拥有真正的政治权力）必须始终以同一性为品质。区分者必须始终保持区分的可能性，这就意味着区分者必须自觉于自己的有限存在。新的敌人之所以要否定原来的敌友关系，是因为原来的敌友关系只是一种敌友关系的可能性，在此，敌友关系是不清晰的，一切危险既可能存在，又现实存在。因此，否定自然状态意味着用一种具体的敌人否定抽象的敌人，这就是施米特肯定政治状态的真正含义。唯有在此意义的基础上，才能理解他的如下说法：

> 我们在此提出的政治定义既不偏好战争，也不偏好军国主义，既不鼓吹帝国主义，也不鼓吹和平主义。它也并非企图把战争的胜利理想化，或者把革命的成功作为"社会理想"，因为战争和革命均不是"社会性的"，也不是观念性的。[①]

---

① 施米特：《政治的概念》，第113页。

为了结束自然状态的"去法权状态",必须决断非常状态。决断的内容就是区分敌友,在自然状态的基础上重新构建新的敌对状态。用新的敌对状态否定自然状态,新的敌对状态因此具有倾向于和平的意义:一切人为的、新的敌对都不可能是一种普遍的敌对,一种有目的的敌对状态因其目的明确而消除了敌对的普遍性。区分敌友意味着有所选择,意味着敌友关系的明确化,它取消了自然状态下敌友关系的含糊、泛化的危险。因此,区分意味着一种命令:要求人们与现实可能性的敌人保持距离,也就是说,要求人们选定敌人,摆脱自然状态。区分意味着目的明确,但这种明确的目的仅仅在针对自然状态的时候才有效。自然状态是理性时代的必然产物,因此,区分敌友就意味着,人要与理性保持距离,重新面对理性的局限。而这只有依靠决断的勇气,以"明确"的敌人对抗"现实可能性"的敌人才能实现。

"区分"因此意味着一种实践理性的能力,意味着一种目的明确的生活态度。"区分"使一切实际的敌友关系显得非同寻常。它似乎在暗自更改古老的政治传统,这一传统坚持敌友关系的自然区分,即以血缘的关系、同胞关系、共同的宗教传统作为标准的区分,在这一传统中,政治的空间被原始的、直接的同一性占据。不可回避的"区分"宣布了,一切原始的、直接的同一要为间接的、人为的同一性取代。"区分"不仅预设了间接同一性的可能性,也预设了间接同一性的现实性。这就是通过敌人的"现实可能性"概念传达的深刻内涵。政治的概念存在于这一现实的可能性之中,它要求重新地、但绝非一劳永逸地确立敌友关系,只要人们之间仍然存在敌意的现实性,"区分"的行动就永远不会结束。

由于此种缘故,"区分"行动要求一个不同于古典政治的全新领地,亚里士多德关于政治的经典定义已经被更改。政治再也不是实际的城邦活动,也不再是霍布斯在恐惧基础上建立的利维坦,而是一种根据意志而建立的概念。在有关宪法学说的讨论中,施米特展示了意志与现代政治概念之间的内在亲缘性,他说:

> 实际上,一部宪法之所以有效,是因为它出自一种制宪权(即权力或权威),并且凭借着它的意志而被制定出来。与单纯的规范不同,意志(Wille)一词将一个基于存在的东西描述成应然的起源。意志实存着,意志的权力或权威在于其存在。[①]

此处的意志不是自由主义所谓的全能理性,而是一种区分的理性,是一种将有限性和无限性包容在内的理性。一个敢于直面自身有限性的存在者,试图挣脱有限性的拘束。正是在此意义上,对政治的概念的分析为行动主义的立场代替,但与此同时,沉思意义上的政治概

---

① 施米特:《宪法学说》,刘锋译,上海人民出版社2005年版,第13页。

念仍然保持着。敌人的现实可能性并不意味着敌人的优先性，区分敌人与军国主义、好战分子没有亲缘关系，如此来看，一种政治理论并非一劳永逸地取消了行动和理论的距离，而是始终保持着这种距离。在此，沉思中的理想国再也不是对政治的本质描述，利益冲突与博弈同样无法对"政治的概念"提供恰当解释。

"区分"不仅是行动的领域，也属于沉思的领域，它是对总体时代的人类共同体生存的沉思。在总体时代，人类陷入了总体敌对的状态。政治失去了中心，任何具体的生活领域都可以成为政治事件，各个领域都在千方百计地实施对政治的"夺取"，"区分"因此意味着"政治的理性化"，它暗自关切的不是战争，而是消除战争。区分敌友限制了中间状态发挥作用，制止了隐秘的自然状态按照自身逻辑运作，以致陷入无限战争的危险。正是在此意义上，"区分"意味着新的"理性化"，这种新的理性化较自由主义的理性具有更强烈的作用，足以抵消自由主义的脆弱的理性化。

结语

施米特曾经说："我的国家法观念产生自我的著作，不是产生自传闻或者妄想，也不是事后通过倒叙法产生自后来的、结构完全不同的、只是从魏玛合法性崩溃中形成的处境"。①

施米特对"崇高政治"的关怀使任何对"情势法学"这一提法的一般理解（即"临事定制"）变得不足为训。在上述有关政治概念的分析基础上，一种崇高的政治必然是不放弃"区分"的政治，而要理解这一区分，理解作为区分之前提和结果的敌人，就必须理解他的隐秘的自然状态。这个隐秘的自然状态是敌人概念的真正的"生存论"含义，也唯有在隐秘的自然状态中，对政治概念的一种既是现代的、又是反自由主义的理解才得以成为可能。与其为自由主义欺骗，不如主动地承认敌友关系的现实可能性，正是在此意义上，"政治就是区分敌友"这句格言恰好意味着一种新的政治理解：主动决断自己的命运，明确敌友关系，以对抗敌友关系的模糊化，从而形成稳固的政治共同体。

---

① 施米特：《合法性与正当性》，载《政治的概念》，第263页。施米特对政治的理解有其具体的、历史的"处境性"，具体来说，与魏玛民国的政治现实相关。一方面是战后德国疲弱受辱的政治处境——如施米特所说的"与凡尔赛斗争"，当时，德国知识界爆发了激烈论战，为战后的战争罚款应该称为"上贡"还是"赔款"争吵不休；另一方面，魏玛宪政在内外交困的处境中相当脆弱，左翼激进派还在企图改变魏玛民国的"资产阶级"性质。魏玛民国的主流法学思想是纯粹法学，这种法学关注法律秩序的合法性，无视以颠覆魏玛宪政的立宪基础为己任的左翼激进派的威胁，看不到宪法的敌人。（刘小枫：《现代人及其敌人》，华夏出版社2005年版，第120—121页。）正是在上述意义上，人们称施米特的法学思想为"情势法学"。参见施米特："在莱比锡宪法法院审理普鲁士邦起诉民国政府案时的最后陈辞"，载《论断与概念》，朱雁冰译，上海人民出版社2006年版，第184页。

第八章　施特劳斯与反启蒙的政治哲学
——读《设计共和》

2011年是中华民族的共和百年，处在时代变革之中的富有责任感的中国学人纷纷拿笔撰写纪念文章，试图建构百年共和谱系。刘小枫对此似乎没有多大兴趣。他起笔撰写了《共和与经纶》①和《设计共和》②两书，表面上看也在讲共和，内容却与政法学者构建共和谱系毫无关系。《共和与经纶》一书关心的问题是熊十力如何建构"人人皆有智性"的启蒙政治立场。《设计共和》的题目尽管也与共和相关，行文却并未多谈共和政制的结构与要素，而是大谈卢梭的反启蒙立场。如何看待启蒙，确乎成为了刘小枫重新审视百年中国共和乃至于现代民主共和政治的关键线索。要想搞清楚启蒙与共和究竟有什么关系，不妨翻开《设计共和》，跟着刘小枫阅读施特劳斯的"论卢梭的意图"。

---

① 刘小枫：《共和与经纶》，生活·读书·新知三联书店2012年版。
② 刘小枫：《设计共和——施特劳斯〈论卢梭的意图〉绎读》，华夏出版社2013年版。

一

刘小枫译介施特劳斯有年,亦以细读方式绎读施特劳斯文章,例如《施特劳斯的路标》中的"施特劳斯与启蒙哲学"和"学人的德性"两文,[①] 便是逐段疏解施特劳斯的论文,但所述皆不如《设计共和》详尽。《设计共和》用近20万字篇幅绎读施特劳斯的一篇3万余字的文章,行文出奇的清澈易懂。刘小枫的学术方向多变,是学界公认的事实,但学术方向多变,不意味着立场多变,只是其文风越来越诡异,令不少学人摸不着头脑。对想要理解近年来刘小枫的思考的学人来说,《设计共和》是难得的样本。

施特劳斯此文是对卢梭《论科学和文艺》的解析,实际上涉及卢梭的整体思想立场。刘小枫事先根据法文本重译了卢梭的《论科学和文艺》,并附注释若干,也开设关于这个文本的讲读课程,为何不直接进入卢梭的《论科学和文艺》,而要借助施特劳斯的法眼?另外,在施特劳斯释读古传经典的著作中,"论卢梭的意图"不过是一篇小文章,因此,刘小枫之所以着力解读此文,显然不是为了理解施特劳斯,而要借助施特劳斯的理解来理解自己的问题。

施特劳斯在卢梭的这篇短制中发现了什么?这个发

---

① 刘小枫:《施特劳斯的路标》,华夏出版社2011年版。

现凸显了《论科学和文艺》在思想史上的重大意义。首先，施特劳斯看到，《论科学和文艺》蕴含了卢梭全部思想的轮廓。其次，他也看到，《论科学和文艺》蕴含着卢梭对启蒙的批判。更重要的是，在解读的开端，施特劳斯提醒我们，《论科学和文艺》包含着有关民主性质的重大争论。这就似乎意味着，民主思想同反启蒙思想有重要的关系。据刘小枫自己说，重新认识卢梭的意图，对理解民主的性质有非常大的好处。[①] 他也说自己多次阅读这本书，并未看出这篇文章的反启蒙立场，是施特劳斯的文章使他了解到这一点。因此，我们不妨说，是施特劳斯有关《论科学和文艺》的解读使刘小枫不得不认真重新对待如下问题：启蒙与现代民主的关系。

启蒙与现代民主共和的关系问题显然是个老话题，我们早就清楚，启蒙是现代民主共和设计的核心论题和关键要素，没有启蒙，就不会有自由民主的共和思想。施特劳斯的看法没有错，民主的方法的确是一种理智的方法。启蒙本身就是理智的方法，根据康德的启蒙定义，启蒙是自己思考，强调人的独立思维。人是懂得自由思考的理智人。要使人懂得自由和思考，必须传播科学和文明，唤醒人们的自由意识，摆脱自己的依附状态。从这个角度看，启蒙当然会对抗专制政体。考虑到启蒙的确凸显了人的价值，每个人都是独立的、能够自由思考

---

① 刘小枫：《设计共和》，第12页。

的主体，启蒙自然就有助于构建民主自由的共和政体。对上述这种理解，我们自然不陌生，问题仅仅在于，刘小枫透过绎读想要告诉我们的不是这回事，他想说的是，出于对民主共和设计的考虑，需要的不是启蒙，而是反对启蒙。① 反启蒙难道也能促进自由民主？这个道理似乎是第一次听说。

二

尽管《设计共和》的论述清晰直白，但其间种种说法却十分新奇，显得让人难以阅读下去。出于民主共和设计的考虑而反启蒙，这个论断最令人奇怪，可以说，它完全突破了自由民主人士的想象，让人们难以接受。值得注意的是，尽管这个论断从表面上来自于施特劳斯，然而，施特劳斯只是简要提及，"卢梭'赞扬无知'……甚至是受到一种共和冲动和民主冲动的激发"②。因此，与其说这是施特劳斯的核心论点，不如说是刘小枫关注的核心论点。尽管施特劳斯公开传授古典哲学的隐秘教诲，但想要搞清楚他的意图实在不容易。③ 例子之一是，除非对观正文部分和注释，否则就实在难以搞清楚施特劳斯想要说些什么。④

---

① 刘小枫：《设计共和》，第135页。
② 同上书，第275页。
③ 刘小枫：《施特劳斯的路标》导言，第3页。
④ 刘小枫：《设计共和》，第67—71页。

要搞清楚卢梭如何出于民主共和设计的考虑而反启蒙,就必须首先理解,启蒙一开始就不是用来反专制的,而首先为专制政体所用。刘小枫借助施特劳斯的见解看到,卢梭之所以反启蒙,仅仅因为他把启蒙运动视为专制主义或绝对君主制的基石,① 并且还举出史事为证:

> 启蒙运动恰恰是在欧洲专制政体或封建政制的土壤上兴起的——英国、法国、德国、俄国的科学院,无不是在封建君王或专制君主治下建立起来的,以至于可以说,启蒙运动是新派哲人与专制君主联手上演的一出历史剧。②

如此看来,反启蒙似乎就有了反对专制的意味。

但仅从史实出发恐怕会引起不少争议。长期以来,人们没有发现《论科学和文艺》中的反启蒙立场,这就表明,刘小枫说的史实并非"基本史实"。可见,仅仅从历史的眼光看还不能看出问题,更重要的是要借助思想家的慧眼看,施特劳斯的论析告诉我们,透露出启蒙与专制的关系的是古典政治哲人。古典政治哲人早已看到,向公众普及知识会有一种危险,即破坏社会赖以存在的神圣基础。什么是"社会赖以存在的神圣基础"?

---

① 刘小枫:《设计共和》,第14页。
② 同上书,第15页。

这是指社会大众"虔敬地赞同的东西",更具体地说,就是习传宗教。古典政治哲人提醒我们说:"真正的哲人当'信仰'社会的'神圣化基础'。任何传统社会都有这样的'社会神圣化基础'即习传宗教,它并非哲人的创造"。①

然而,问题并不在于卢梭跟随古典政治哲人反启蒙,而是要说明,为何在施特劳斯看来,卢梭的反启蒙成了现代民主设计的一个部分。众所周知,现代民主以启蒙为基础,启蒙带来了自然权利的观念,正是在此观念的基础上,形成了现代自由民主的政治话语和实践。卢梭从根本上承认这种启蒙,那么,看起来反启蒙就不是卢梭的真实想法,启蒙与反启蒙就不是一对真正的矛盾,而不过是卢梭"刻意为之的自相矛盾"。

《设计共和》第 2 章着力于讨论卢梭"刻意为之的自相矛盾",但并未直接回答这个问题,而是一开始就致力于区分卢梭的写作对象,也就是"少数人"和"多数人"的问题。刘小枫提醒我们,施特劳斯用卢梭的观点证明了:"《论科学和文艺》的写作意图针对的是少数'智慧之人',而非'公众'"②。

更具体地说,《论科学和文艺》实际上向少数'智慧之人'同时传达了两种主张:既反对又鼓励启蒙"。

---

① 刘小枫:《设计共和》,第 122—123 页。
② 同上书,第 84 页。

第八章 施特劳斯与反启蒙的政治哲学

因此,反启蒙和启蒙从表面上看起来相互矛盾,但如果搞清楚了这话针对的对象,就变得不再是自相矛盾。

究竟该如何理解?刘小枫从施特劳斯的卢梭解读中得出了如下结论:

> 从哲学的角度看,应该反对少数人搞启蒙,因为哲学不应该成为一个社会要素,否则就会为专制主义铺平道路,这可以说是一个古典政治哲学的观点:哲学天然地与宗教为敌,一旦哲学成为一个社会要素,宗教信仰就难有立足之地,专制君主就可以借此获得绝对治权。然而,从社会的角度看,又应该鼓励少数人搞启蒙,因为哲学应该启蒙人民明白自己的义务。①

反启蒙仅仅是出于一种担心,即哲学不应成为一个社会要素,因为倘若哲学成为了社会要素,即教会人们怀疑和独立思考,就会破坏社会的神圣基础,因而就会为专制所利用。支持启蒙则又是因为,哲学可以启蒙人民明白自己的义务甚至权利。这样,无论反启蒙还是鼓励启蒙,目的都只有一个:建立现代民主的共和政治。正是在此基础上,卢梭主张启蒙和反启蒙有内在的亲缘关系。

问题在于,反启蒙在根本上是古典政治哲学的立场,"反对搞哲学启蒙的实际理由虽然是为了反专制,根本

---

① 刘小枫:《设计共和》,第86页。

理由毕竟是人的'天性'差异这一古典政治哲学的理由"。[1] 然而，从这一古典政治哲学的基本立场出发，卢梭并没有恪守古典政治哲学的结论，反而投身于现代自由民主。这才是真正的自相矛盾。[2]

为了解决这个矛盾，施特劳斯区分了《论科学和文艺》的"一般观点"和"个别论点"。[3] 一般论点即是"科学与德性不相容"的反启蒙言论，个别论点则是"只有在腐化的社会中，搞启蒙才是正当的。"一般观点针对的是事情的一般状态，个别论点针对的是事情的当前状态。如此一来，上述矛盾就消失了。在健康的社会中，无论从哪个角度看，都没有搞启蒙的可能性，哲人必须保持自身的自觉。一旦遇到的是一个腐化的社会，则唯有少数人有资格搞启蒙。因此少数人和多数人的区分意味着，多数人没有搞启蒙的资格。这就进一步意味着，由于在一个腐化的社会搞启蒙就意味着革命，那么言下之意，只有少数人才能充当革命旗手，只有少数智慧人才能带头闹革命。刘小枫没有明确陈述这个结论，相反，他认为卢梭主张少数人在一个特定的时刻搞启蒙，偏离了古典政治哲学的教导。言下之意，无论在何种时刻，革命都不是哲人的事情。因此，哲人坚持启蒙，毋宁是哲人坚持要搞革命（不仅要搞政治革命，而且要在人的

---

[1] 刘小枫：《设计共和》，第87页。
[2] 同上书，第260—261页。
[3] 同上书，第56—57页。

灵魂深处闹革命)。

这就牵扯出了一种看待启蒙的独特视角，即社会的视角①，或者更准确地说，是哲学社会学的视角。根据施特劳斯的讲法，哲学社会学关注思想本身和社会本身的关系问题。②从哲学社会学的立场出发看，启蒙意味着革命的可能性。在古典政治哲学中，从未宣称过哲人的使命是搞革命，而是要守护传统礼法。因此，在古典政治哲学中，要求哲人不得进行大众启蒙。由于天性差异，大众根本就不可能被启蒙。卢梭之所以要区分事情的一般状态和当前状态，是因为只有在事情的一般状态中，反启蒙的立场才接近古典政治哲学的立场。然而，考虑到如今所处的是事情的特定状态，反启蒙的规诫就失去了效力。

启蒙是一种普遍的精神状态，但它未必就是一种直接的政治状态。要想启蒙成为一种直接的政治状态，就必须使政治生活中的每一个人现实地获得启蒙，如此每个人才会懂得什么是他的权利和义务，懂得用这种权利管束政府。③但这是不可能的，充其量只是一种可能性，承认这种可能性，就会在现实的政治生活中破坏政治生活的神圣基础。更具体地说，启蒙的精神状态要求的怀

---

① 刘小枫：《设计共和》，第88页以下部分。
② 施特劳斯有关哲学社会学立场的一般性讨论，参见施特劳斯：《迫害与写作技艺》导论，华夏出版社2012年版。
③ 刘小枫：《设计共和》，第4页。

疑精神会使支撑社会生活的信仰和意见不再受尊重，从而沦为社会的不稳定因素。[1] 这是启蒙的哲学社会学揭示的内容。如此就可以理解，刘小枫有关反启蒙的言辞，要点并非"反智"。相反，他从哲学社会学的视角出发，看到大众启蒙可能会造成与既有秩序的紧张。因此，所谓反启蒙根本上不否定知识的增进，而是要使知识的增进同社会秩序调谐起来，同时捍卫真理和秩序。

三

长期以来，学界对刘小枫的反启蒙说辞多有不解，现在这一疑惑有了澄清机会。他之所以主动与康德的启蒙说辞保持距离，是因为他怀疑赋予公民以言论自由或政治自由能使公众得到启蒙，也就是说，在他看来，即便赋予公民言论自由或政治自由，公众也没有可能被启蒙。心智的开启和反思精神的培养与社会的束缚无关（因为前者是精神的需要，后者是肉体的需要），刘小枫懂得这一点，并援引亚里士多德的文字为证。[2] 倘若以为解开了社会的束缚，人人都可以获得真理，无疑就是说，真理与社会不相容，这也就意味着赋予公民以言论自由和政治自由同启蒙相关。实际上，康德的启蒙言辞也不主张哲学心智的培养与现实的政治束缚有直接关系。就

---

[1] 刘小枫：《设计共和》，第248—259页。
[2] 同上书，第64—75页。

第八章 施特劳斯与反启蒙的政治哲学

刘小枫援引的康德有关启蒙的那段话而言,[①]康德所说的不过是一些自己思维的人（他没有说这些人是通过政治自由获得真理）在摆脱了受监护状态后,在周围传播真理,以此揭示公众启蒙和自由的必然性。

更具体地说,刘小枫从施特劳斯那里拈出的反启蒙言辞不意味着他反对启蒙。相反,只能说他反对的是大众启蒙,也就是说,少数智识人不应启蒙大众。康德的言下之意是大众启蒙的必然性,这不是说,康德认为每个人都可以现实地获得启蒙,否则他就不会在《未来形而上学导论》中主张要将看不懂启蒙真谛的学者赶出启蒙阵营。启蒙的必然性和不应进行启蒙是两个不同层次的话题,大众启蒙的必然性是讲每个人都可以有成为哲人的希望。不应该搞大众启蒙则说的是,人的心性有高低之分,根本不可能使每个人成为哲人。不仅如此,强迫使不平等的人平等就是制造不平等。[②]

尽管从理论上讲,人人皆可启蒙,但实际上在某一特定时间和地点,有些人肯定无法被启蒙（因而被排斥在启蒙阵营之外）。正如康德在讲判断力的时候说,有知识并不意味着能实行,尽管懂得了启蒙的知识,仍然不妨碍他作为一个奴隶。例如,尽管一个人懂得了独立自主的知识,但在现实生活中还是有一颗依附与奴役的灵魂。因此,承认大众启蒙不可避免,与认为不应进行

---

① 刘小枫:《设计共和》,第108页。
② 同上书,第210—211页。

大众启蒙的实际效果极有可能会一样。但之所以反对搞大众启蒙，是因为承认人性有差异，多数人心性无法得到启蒙，强行推行启蒙，会破坏大众的生活秩序。承认启蒙的必然性也不会导致大众启蒙的结果，最终仅有少数人真正得到启蒙。因此，如果只从哲学的角度看，即便主张大众启蒙也没有影响。同时，即便卢梭跟着古典政治哲人反对大众启蒙，也不对哲学的利益产生影响。

刘小枫明显夸大了启蒙对哲学的不良影响，《设计共和》多处强调《论科学和文艺》中之所以反启蒙是为了哲学的利益，而非社会的利益。① 即便哲学成为时尚，真理也不会受到损害，真理仍然是真理。真正本质的是哲学与社会的关系，② 也就说，哲学成为时尚并不一定对哲学有害，反倒消极地证明了仍然有继续追求真理的必要。然而，从社会角度看，普及哲学（大众启蒙）却有害，承认人人有追求哲学的权利就意味着会出现不少自命不凡的哲人。既然启蒙是一项必然的权利，自命不凡就会成为权利，就会以哲学的名义来质疑一切事物。凡事均要问一问正当与否才能实行，有时这种质疑完全是幌子，不过是为了搞破坏或对他人实施打击。质疑与反思显然不是真理本身，充其量是追求真理的条件，却并非充分必要条件，顶多是必要条件。如果推动质疑和反思的不是求知冲动，而是其他目的或者利益，那么真理和良好

---

① 刘小枫：《设计共和》，第89页，第261页。
② 同上书，第262页。

的社会秩序都会受到危害。

一旦我们认为启蒙是必然的,获得启蒙就成为一种自然权利,应当竭尽所能去推动启蒙。在此过程中,我们全然忘记了康德和卢梭的教导,启蒙还要凭借"真诚"(这才是康德所谓的"实践理性"针对"思辨理性"优先的真正含义,目的是为启蒙确定边界,不使启蒙沦为毫无节制的怀疑)。然而,刘小枫显然不相信这种真诚具有拘束力,"由于人已经被定义为'自由的施行者',这种'真诚'德性难免渺睨习传的礼法道德规范。从而,把真诚说成一种'道德情感'无异于降低了人的'道德标准'"①。对他来说,与其陷入到真诚和实践理性的争论中,不如一开始就否认大众启蒙的必然性。他从古典政治哲人那里得知,大众启蒙绝非不可避免,求知永远是少数人的天性。否认启蒙的必然性,要求哲人有一种审慎,不应进行大众启蒙,而不是说不能启蒙。实际上,刘小枫也明确指出,《论科学和文艺》的写作意图也是启蒙,但启蒙的对象并非"常人",而是自认为有义务启蒙人民的"智识人"。②

少数人和多数人的区分在卢梭笔下和在古典政治哲人笔下因此有着截然不同的内涵。卢梭区分少数人和多数人,目的是将革命的权利、将构建现代共和政体权利

---

① 刘小枫:《设计共和》,第271页。
② 同上书,第61页。

交到少数人之手，唯有他们才懂得什么是对多数人好的东西。在古典政治哲人笔下，之所以区分少数人和多数人，是为了守护德性。因此，刘小枫从施特劳斯那里懂得的，是从哲学社会学的角度看待启蒙。

四

卢梭笔下的反启蒙论述服从于他的启蒙论述。从根本上讲，反启蒙是为了更好地启蒙。为何会如此？在施特劳斯笔下并不容易看出来，毋宁说，这是通过刘小枫的绎读为我们呈现出来的。

为了澄清这一点，在着力讲述卢梭的共和设计之前，刘小枫耗费了一番笔墨，讲述现代共和的思想史。通过这个讲述可以看出，现代民主共和有一个思想史难题，这就是如何将已经接受启蒙的个体结合成为一个稳固的社会，使之有德性。他注意到马基雅维利和斯宾诺莎都提到了一种方案，这就是公民宗教的方案。[①] 共和设计的基础是政治权利和自由，因而反对宗教的基础，考虑到理智同宗教需要的信仰背道而驰，这就造成了自由民主思想的内部矛盾。[②] 霍布斯想要在对暴力造成的横死的恐惧激情这一基础上奠定社会的德性，但激情并无德

---

① 刘小枫：《设计共和》，第17—21页。
② 同上书，第22—23页。

性可言。① 孟德斯鸠倒是看到了挽救共和政体德性的需要，想要借助古典政治哲学的资源为现代共和提供德性基础，最终却向尚商的共和政体妥协。② 唯有卢梭更极端，也取得了更大成功，他想要设计出更为完美的共和政体，也就是说，想要捍卫共和政体的德性。③

为了使共和政体具有德性，卢梭不是回到古代政治哲人的著作中，而是首先和霍布斯、洛克一道承认了人的自然权利。由于卢梭一开始就支持反启蒙的视角，承认人与人之间有高低之分，因此，理解他如何承认自然权利学说就成了一个问题。施特劳斯仅仅说卢梭从每个人自我保存的自然欲望中找到了社会的充分基础，而刘小枫则通过绎读为我们揭示了卢梭何以会承认这个基础。这是《设计共和》一书中论述最精彩的地方，这就是他发现，卢梭之所以这样做，是因为他的古典政治哲学信念。④ 具体来说，根据遵循古典哲人的传统，哲人需要与社会妥协，因此，就有必要承认最低的、也是最普遍的人性，即自然欲望为基础的人性。⑤

然而，考虑到自然欲望与权利同德性格格不入，要想在自然欲望上建立的共同体具有德性就需要从外部获

---

① 刘小枫：《设计共和》，第 23—30 页。
② 同上书，第 31—46 页。
③ 同上书，第 46 页。
④ 同上书，第 183 页。
⑤ 同上书，第 178—183 页。

得支持。刘小枫告诉我们，为了做到这一点，卢梭回到马基雅维利以来的公民宗教传统。① 卢梭的共和设计的核心，或者说不同于前人的地方，就在于他主张在理智的基础上设计出一种公民宗教。考虑到启蒙崇尚的理智会破坏宗教的信仰基础，在这个问题上，卢梭的反启蒙立场就再度发挥了作用。

然而，问题在于，启蒙既然已经破坏了宗教的基础，这种在理智基础上设计公民宗教的尝试必然无法成功。信仰既然已经被推翻，大众启蒙之后，公众们熟悉的是种种意见，考虑到支持意见的是人的自然权利和欲望，所谓的公民宗教就显得是自由民主的信条，是关于自然权利与权利神圣的学说，卢梭的立法者只可能从人的自然权利中寻找公民宗教的来源。于是我们就可以看到，卢梭通过"传统和情感"实现用道德的人取代自然状态中的自然人，就不过是在迎合现代人对自然权利的追求。因为，传统和情感不过是公民社会的"种种意见或情感"。刘小枫因此得出如下结论："卢梭的公民社会政治哲学大肆宣扬'传统与情感'看起来是激烈反现代性的'神秘且令人敬畏的行动'，其实是地道的现代性行动"。②

由此也可以看出，现代哲人的反启蒙在根本上有别于古典哲人的反启蒙。不同于现代哲人的反启蒙最终走

---

① 刘小枫：《设计共和》，第22页，第49页，第199页。
② 同上书，第204页。

向了公民社会的"种种意见或情感",古典哲人担心的是对知识的探求会损害社会的基本信条,而非意见,他们永远将意见纳入到审查的眼光之下,向意见妥协意味着哲人品质的降低。①

不论怎么说,除开共和政体的德性这个议题,卢梭设计共和的努力大获全胜,堪称完美。无论启蒙还是反启蒙,目的都是现代民主共和。无论少数人还是多数人,都以对共和的追求为目的。少数人引导大多数人走向共和,建构了一种以自然权利神圣为信条的公民宗教。但越是表面上完美的事物,就越有内在的危险。卢梭共和设计的根本弊端是,他并未做到挽救德性,他的反启蒙的立场并不真实。也就是说,他只是从表面上承认了古典政治哲人的立场,从根本上却积极推动启蒙,想要改造大众,教导大众以权利和义务,将古典政治哲人守护的德性抛弃在一边。考虑到自然权利的理智思维同宗教的信仰思维的格格不入,不难想到,这一完美的共和设计最终必定会以失败告终。

既然卢梭的反启蒙被启蒙取消,启蒙的专制危险就无法消除。这也就意味着,现代自由民主的共和设计有走向专制的危险。对此刘小枫尽管并未明言,但这个结论却暗含在内在逻辑之中。既然公民宗教的设计不成功,启蒙的危险就无法消除。这是现代民主共和的巨大隐忧。

---

① 刘小枫:《设计共和》,第131页。

尽管卢梭看到了反启蒙的必要性，但他最终不忍放弃启蒙立场。通过解读《孤独漫步者的梦》一书中的文字，刘小枫揭示了卢梭作为启蒙哲人的心性。于是，有关启蒙的看法就导向了如下结论：现代民主的共和政体的设计一开始就意味着哲人心性的革命，是哲人想要革命的结果，因为想要革命，就凭借哲人的理智设计出了种种革命方案。于是，有关共和说辞的就变成了对启蒙哲人的批判："苏格拉底从不曾对雅典城邦的民主抱以热忱，更不曾有过'把公众争取到自己一边的念头'"。①

刘小枫的共和言述最终转变成为对现代政治哲人品质的批判。如果不是现代政治哲人一心想要履行公共义务，想要改造人性，就不会有现代共和政治的设计，也就不会遭遇到启蒙的专制危险，由此看来，现代哲人挽救共和政体的德性的努力必然以失败告终，现代的共和政治必然遭遇内在的德性缺失问题。

唯一的指望是回到古典政治哲人的一贯地坚持反启蒙的立场，而不是在社会责任心的驱使下使这种反启蒙立场服务于启蒙立场。因此，刘小枫透过施特劳斯的卢梭解读，关心的仍然是他自己的问题，即民主的性质问题，或者说民主的精神或德性的问题，这是现代共和政治的品质问题，更为深刻的是现代哲人的心性问题。

从第一位现代民主理论家卢梭那里，刘小枫注意到，

---

① 刘小枫：《设计共和》，第157页。

现代哲人放弃了古典政治哲学的前提，主张人与人相互平等的自然权利，并在此基础上试图构建现代人的共同生活。尽管卢梭试图保留古典哲人的真诚，即懂得区分哲人的生活和大众的生活，不向大众的生活妥协。但这种古典立场最终让位于现代立场，透过施特劳斯的法眼，他发现卢梭有一颗向大众靠近的热心……①

五

现代共和的问题是通过启蒙的哲学社会学揭示出来的。启蒙的哲学社会学关注哲学与社会的关系问题，施特劳斯告诉我们，这是一个被现代人遗忘的古老问题。它不仅关系到政治的品质，也关系到哲人的心性。透过启蒙的哲学社会学，刘小枫想要告诫我们，有关政治生活的思考，除了思想的设计和技术上的操作之外，还有一个至关重要的方面，这就是在政治生活中，智识人的责任和德性问题。古典时代的政治哲人们对此十分自觉，非常清楚哲学将会破坏社会的神圣基础，并且懂得，人与人之间存在德性的高低差异。因此，他们懂得恪守与大众的距离，也用审查的态度对待大众生活，这就使古典时代的政治哲学热衷于混合政体的构建②，想要"用道

---

① 刘小枫：《设计共和》，第239页。
② 有关柏拉图笔下混合政体的讨论，参见《设计共和》，第206—223页。

德上德性上的不平等来取代理智德性上的不平等"①。在这种由法律秩序支配的混合政体中，高尚的灵魂和劣质的灵魂同时存在，占据适合于各自的位置。然而，在现代政治中，高尚的灵魂想要改造劣质的灵魂，并且为了达到这种目的，不惜迎合低劣的灵魂，启蒙因此不仅破坏了社会的神圣基础，也意味着哲人身份的降低，现代民主依赖的灵魂因此是一个劣质的灵魂。

卢梭想要在现代自然权利论的基础上通过理智来设计完美的共和政体的主张因此失败了，在这种政体中不可能有完美的灵魂，也不可能有德性。在由公共智识人主导的社会中，真正的哲人是危险的，这里只有成见或者意见。成见或者意见的统治替代了真理的统治。现代民主社会是充满成见或者意见的社会，传媒几乎占据了政治生活的全部，在成见或者意见中哪里有真理和德性？更严重的是，哲人们不懂得自我节制，降低了自己的身份，迎合大众的时尚。但这一切都是哲人自身造成。既然现代哲人已经不加反思地接受了启蒙的立场，就无法真正地保持其反启蒙的立场。反启蒙只是姿态，表面上卢梭接受了古典政治哲人的立场，"但拒绝了由这个前提得出的政治推论"，②在赋予大众以平等自由主体的权利之后，想要继续保持哲人的独立性困难重重……

---

① 刘小枫：《设计共和》，第265页。
② 刘小枫：《设计共和》，第267页。

从表面上看，刘小枫从施特劳斯的《卢梭的意图》中得出的结论是为了使中国学界更准确地理解卢梭，实则是为百年共和着想。如他在"经典与解释"系列中的《卢梭集》出版说明所言，当初黄遵宪初抵日本时，见"民权之说极盛，初闻颇惊怪，既而取卢梭、孟德斯鸠之说读之，心志为之一变，以谓太平之世必在民主，然无一人可与言也。""卢梭令好些中国文人如痴如狂地追随，要做中国的卢梭……卢梭在近代中国的影响力，据说只有马克思可与之比拟。"如此来讲，跟着施特劳斯读卢梭就不是为学术史研究平添一本新著，而是要反思现代中国百年来的共和命运，这正是《设计共和》一书"说明"中"走出百年曲学流殃"的所指。

卢梭无疑是现代民主共和的第一人，在其共和设计中有现代民主共和的巨大隐忧。刘小枫不是直接说出这隐忧，而是借施特劳斯之笔来道说这隐忧，如此笔法是刻意为之。共和设计本是启蒙知识人的产品，因此，隐忧说到底涉及的是启蒙知识人的品格。启蒙知识人仅仅看到哲学的利益，而忽视了社会的利益，以为启蒙能带来真理的增长，从而使每个人产生能够成为哲人的幻想，丝毫没有想到，此种启蒙不仅损害了社会，也损害了哲学，民主的共和政治最终不过是破碎的梦想。启蒙教会人们怀疑，而没有教会人们尊重社会的现实基础，民主的共和社会中到处是不满的灵魂。现代民主政治若是建立在内心充斥不满的灵魂的基础上，肯定是危险的，怨恨因此是历史主义和相对主义的心理来源。

唯一的出路是古典政治哲学。与古典心性的相逢因此意味着一种截然不同于现代政治哲人的追求,唯有在古典政治哲人的世界中,才没有那么多的怨恨与绝望,刘小枫告诉我们:

> 没有热忱也就不会有失望,卢梭则是对自己曾经热切投身于实现民主共和而彻底失望……苏格拉底甚至从未觉得自己应该积极主动地尽到公民的"社会义务",尽管在自己的一生中,他多次被迫切实履行自己的"社会义务"——即便在这样的时候,苏格拉底还积极主动见缝插针过属于自己的生活:在军旅生活中,苏格拉底曾通宵站在野外沉思。[①]

正是在此意义上,我们才能理解,为何《共和与经纶》要对现代新儒家鼻祖熊十力大加挞伐。熊十力化用中国古典智慧进行了空前的思想启蒙,宣扬"人人皆有智性"的形而上学道理,并试图在此基础上构建新中国的民主共和理论。其立场和做法同卢梭如出一辙,这恰好印证了《设计共和》一书最终的感叹,"卢梭的理智思考表明,要想在现代思想的前提下保留古典的位置,根本没有可

---

① 刘小枫:《设计共和》,第157—158页。

能，即便今天我们对此仍然于心不甘"①。

当代的公共智识人仍不少，种种文化哲学如今又甚嚣尘上，真不知他们在阅读《共和与经纶》和《设计共和》之后作何感想！

---

① 刘小枫：《设计共和》，第272页。

参考文献

一、重点评论文献

霍布斯:《利维坦》,黎思复、黎廷弼译,商务印书馆1985年版。

洛克:《政府论》(下篇),叶启芳、瞿菊农译,商务印书馆1964年版。

卢梭:《论人与人之间不平等的起因和基础》,李平沤译,商务印书馆2015年版。

卢梭:《爱弥儿》(上卷),李平沤译,商务印书馆1978年版。

康德:《判断力批判》,邓晓芒译,杨祖陶校,人民出版社2002年第2版。

施米特:《政治的概念》,刘宗坤、朱雁冰等译,上海人民出版社2015年版。

刘小枫:《沉重的肉身》,华夏出版社2007年版。

刘小枫:《设计共和——施特劳斯〈论卢梭的意图〉

绎读》,华夏出版社2013年版。

李猛:《自然社会——自然法与现代道德世界的形成》,生活·读书·新知三联书店2015年版。

王利:《国家与正义:〈利维坦〉释义》,上海人民出版社2008年版。

二、其他参考文献

亚里士多德:《政治学》,吴寿彭译,商务印书馆1965年版。

亚里士多德:《尼各马可伦理学》,廖申白译,商务印书馆2003年版。

霍布斯:《论公民》,应星、冯克利译,贵州人民出版社,2003年版。

康德:《纯粹理性批判》,邓晓芒译,杨祖陶校,人民出版社2004年版。

席勒:《审美教育书简》,冯至、范大灿译,上海人民出版社2003年版。

黑格尔:《精神现象学》(上卷),贺麟、王玖兴译,商务印书馆1979年第2版。

黑格尔:《哲学史讲演录》(第四卷),贺麟、王太庆译,商务印书馆1978年版。

施米特:《合法性与正当性》,冯克利等译,上海人民出版社2015年版。

施米特:《政治的浪漫派》,冯克利、刘锋译,上海人民出版社2016年版。

施米特:《宪法学说》(修订译本),刘锋译,上海人民出版社2016年版。

施米特:《论断与概念——在与魏玛、日内瓦、凡尔赛的斗争中》,朱雁冰译,上海人民出版社2016年版。

施米特:《霍布斯国家学说中的利维坦》,应星、朱雁冰译,华东师范大学出版社2008年版。

刘小枫选编:《施米特与政治法学》,刘锋等译,华东师范大学出版社2008年版。

施特劳斯:《自然权利与历史》,彭刚译,生活·读书·新知三联书店2003年版。

施特劳斯:《霍布斯的政治哲学》,申彤译,译林出版社2001年版。

施特劳斯:《论柏拉图的〈会饮〉》,伯纳德特编,邱立波译,华夏出版社2012年版。

施特劳斯:《迫害与写作艺术》,刘锋译,华夏出版社2012年版。

阿伦特:《康德政治哲学讲稿》,罗纳德·贝纳尔编,曹明、苏婉儿译,上海人民出版社2013年版。

德里达:《论文字学》,汪堂家译,上海译文出版社1991年版。

德里达:《友爱的政治学及其它》,胡继华译,吉林人民出版社2006年版。

拉斯莱特:《洛克〈政府论〉导论》,冯克利译,生活·读书·新知三联书店2007年版。

弗兰克·富里迪:《恐惧的政治》,方军、吕静莲译,江苏人民出版社2007年版。

安东尼·卡斯卡迪:《启蒙的后果》,严忠志译,商务印书馆2006年版。

刘小枫:《这一代人的怕和爱》(增订本),华夏出版社2007年版。

刘小枫:《现代性社会理论绪论》,上海三联书店1998年版。

刘小枫:《现代人及其敌人》,华夏出版社2005年版。

刘小枫:《共和与经纶》,生活·读书·新知三联书店2012年版。

刘小枫:《施特劳斯的路标》,华夏出版社2011年版。

刘小枫编/译:《柏拉图四书》,生活·读书·新知三联书店2015年版。

戴茂华:《超越自然主义》,武汉大学出版社2005年版。

黄涛:《戏剧、审美与共同体》,上海人民出版社2015年版。

后记

收入本书的九篇文章，除关于卢梭和康德的两篇外，都在知名学刊上发表过，但发表时由于篇幅限制，都有大幅删节，这里刊出的是修订后的完整版。

作为引子的"现代社会的伦理问题"，原题为"叙事思想家的技艺"，发表在《读书》杂志（2014年第4期）。"洛克的自然状态神话"发表在《中国图书评论》（2008年第1期，发表时题为"孤独者及其怨恨的政治学"）。"霍布斯的恐惧的政治学"原题为"那一代人的怕和爱——霍布斯的恐惧政治哲学"，是对王利的《〈利维坦〉释义》一书的评论，发表在香港《二十一世纪》杂志（2009年10月号）。"权利、激情与国家"一文是2008年我在西南政法大学时期的硕士论文基础上改出来的（原题为"论恐惧概念——霍布斯法哲学学说的人性论基础"，修改删节后以"激情与国家——重读《利维坦》"为题发表在《经典与解释》辑刊，2014年第41辑）。"孤独者的政治学"是针对李猛的《自然社会》一书撰写的长篇评论，缩写发表在《读书》杂志（发表时题为"现代自然社会中的孤独者",2016年第3期)。"施米特论隐秘的自然状态"一文发表在《从古典重新开始》(华东师范大学出版社2015年版)。有关施特劳斯的那一篇,发表在《跨文化对话》(2013年第31辑)。在此特别要感谢《读书》《中国图书评论》《二十一世纪》等期刊编辑们的辛劳。

本书中的文字呈现的一系列思考,前后历经十年。尤其是关于自然状态的思考,时在2007年左右,那个时候,受康德《判断力批判》有关美与崇高的论述的启示,我试图将霍布斯的恐惧还原为康德笔下的"可恐惧状态",还原为一种崇高感,而将卢梭笔下自然人的怜悯还原为"美"。无论是"崇高"还是"美",都超出了个体的自然的限制,可以普遍地预设,也因此保证了人与人之间结合的稳定性,在我看来,这是他们为共同体寻找到的新的存在基础。在2007年的某一天,我在歌乐山下为自己的发现激动,于是在硕士论文中写下了有关霍布斯笔下的恐惧与康德《判断力批判》之间关系的初步思考,也由此展开了此后的思想求索。

本书各篇文字都与小枫师相关,或是由他推荐发表,或是发表在他主编的学刊上面。"洛克的自然状态神话"由他推荐发表在《中国图书评论》,是这个有关爱欲的系列中的最早作品,也是自己比较得意的一篇短文。我自认为在这篇文章中,传递出了对洛克的最深层次感觉,这种感觉迄今未曾变过。后来在重读《现代性社会理论绪论》和《沉重的肉身》时，这种感觉再度加强，在华夏出版社陈希米老师督促与鼓励下，我终于在洛克文章发表之后的六年后再度将这种孤独感写了出来，这就是作为本书引子部分的文字。我将现代人视为一个孤独者，并努力与之保持距离，也因此，我在博士论文中和博士后报告中才以共同体为论题，我将描述人与人之间的共同生活作为理论生活的目标，我要揭示人类共同体生活的根源，并试图用笔来描绘共同体的美好。

本书以对《设计共和》的评论作结（这篇评论以"反启蒙的启蒙"为题发表，题目是小枫师亲自改定），同引子部分的文字构成呼应。引子中讨论的是现代社会人的生存品质，结尾这篇文章则讨论现代哲人的品质，言下之意是，现代社会的生存品质是现代哲人的品质发生变化的结果。这两篇文章中有不少部分显得是替先生面对不合理的指控辩护，但其实辩护非但不是目的，反而可能是更加不合理的误解。但这的确是我读先生书的收获，就我的理解而言，如果将他的思考放在爱欲这个主题下理解，对于争议或许能认识得更深刻一些……此书定稿之际，恰逢小枫师新书《以美为鉴》和《海德格尔与中国》出版。我曾有幸在他疏解施特劳斯文章的课堂上聆听过他关于海德格尔的看法，施特劳斯曾经判断说，海德格尔取消了对于永恒事物的关照，成为历史主义的哲学巅峰。在另一方面，在对于剑桥学派的反思中，小枫师发现了美国的立国原则中缺乏对美德的沉思。尽管这两本书的论题不可避免会招致猛烈的批评，但如果从学理上讲，这两本书，一者关注美德，一者关注永恒，仍然是小枫师关心的爱欲世界中的事情。

本书出版得到了华东政法大学发展规划处的经费资助。申请期间，我正在美国访问学习，此间种种手续端赖各位领导和同事们的协助。在此要特别感谢科学研究院陈金钊院长、郑菲女士、王海军博士和发展规划处的邹鹏博士。

眼下我在美国印第安纳州 Bloomington 的一个名叫 Bart Villa 的寓所里，静静地修订这本小书。暂时地远离自己熟悉的生活，旁观通过朋友圈传来的国内的种种新闻和消息，使我越来越感受到思想对于时代的意义。在一个面临剧烈变革的时代，思想能够让人摆脱喧嚣、感觉到希望，这是多年来赵明先生教给我的道理。如今，我已经开始尝试通过文字表达希望。

在过去，这些为我本人珍惜的文章散落各处，它们唯一坚定的读者是内子彭小玲女士，我们相识相恋于本科时代，她一直是很好的倾听者和对话者，见证了这些文字背后的激动、平静与坚守。

最后，我要将这本小书献给小枫先生，没有他，我不可能持续地思考这方面的论题，不可能有眼下这组文章，尽管我不认为这本书的观点完全来源于他，而是应该来源于我们共同的对于现代世界的反思和体验……

2017年5月25日于松江古浦荡畔花园浜
2018年1月1日改定于美国印第安纳州伯明顿

图书在版编目(CIP)数据

爱欲与共同体 / 黄涛著. —北京：商务印书馆，2018
ISBN 978-7-100-15906-7

Ⅰ.①爱… Ⅱ.①黄… Ⅲ.①政治思想史—西方国家—文集 Ⅳ.① D091-53

中国版本图书馆 CIP 数据核字（2018）第 042278 号

权利保留，侵权必究。

爱欲与共同体
现代性的政法与伦理
黄涛 著

商 务 印 书 馆 出 版
(北京王府井大街36号 邮政编码100710)
商 务 印 书 馆 发 行
虎彩印艺股份有限公司印刷
ISBN 978-7-100-15906-7

| 2018年4月第1版 | 开本 787×1092 1/32 |
| 2018年4月第1次印刷 | 印张 8¼ |

定价：40.00元